José Micaelson Lacerda Morais

Mudança institucional e desenvolvimento no Ceará

Da luta entre as oligarquias coronelista e mercantil/industrial à "política industrial" nos anos 1990

Copyright © José Micaelson Lacerda Morais, 2021

Capa

José Micaelson Lacerda Morais

Diagramação

José Micaelson Lacerda Morais

Mudança institucional e desenvolvimento no Ceará: da luta entre as oligarquias coronelista e mercantil/industrial à "política industrial" nos anos 1990 / José Micaelson Lacerda Morais.
Crato/Ceará: Amazon (Independently Published), 2021.

1. Estado 2. Política econômica 3. Instituições 4. Política industrial 5. Desenvolvimento

Para meus irmãos, Marciana Érika e Marciel Franklin.

AGRADECIMENTOS

Ao governo do estado do Ceará, à Fundação Cearense de Apoio ao Desenvolvimento Científico e Tecnológico – Funcap, à Universidade Regional do Cariri – URCA, e aos companheiros do Departamento de Economia.

Sumário

1. Introdução 9
2. Mudanças institucionais e políticas 12
   2.1. Transformações políticas 12
   2.2. O caráter burocrático em detrimento de uma alternativa mais política..21
   2.3. A reforma administrativa, o planejamento e o papel da Tecnologia da Informação..................26
   2.4. Finanças públicas..38
   2.5. A revolução do fisco estadual 46
3. A evolução da "política industrial" no Ceará através dos planos de governo 50
   3.1. Plano de Mudanças: 1987 a 1990 55
   3.2. Plano Ceará Melhor: 1992 a 1995 60
   3.3. Plano de Desenvolvimento Sustentável: 1995-1998 61
   3.4. Consolidando o Novo Ceará: 1999 a 2002 62
4. A "política industrial" do estado do Ceará: atração de empresas, geração de emprego e desconcentração industrial 68
   4.1. A oportunidade de uma "política industrial" ...69
   4.2. Atração de empresas 73
   4.3. Geração de empregos 78
5. Análise dos resultados da "política industrial" do Ceará...84

5.1. Descrevendo objetivos e instrumentos...............84

5.2. Correspondência entre estabelecimentos implantados e setores definidos pela "política industrial" 98

   5.2.1. Setores beneficiados e origem dos investimentos 98

      5.2.1.1. Período de 1989 a 1994......................100

      5.2.1.2. Período de 1995 a 1998......................106

      5.2.1.3. Período de 1999 a 2002......................115

   5.2.2. Êxito na geração de empregos 124

      5.2.2.1. Período de 1989 a 1994......................124

      5.2.2.2. Período de 1995 a 1998......................126

      5.2.2.3. Período de 1999 a 2002......................129

   5.2.3. Desconcentração da atividade econômica 132

      5.2.3.1. Período de 1989 a 1994......................132

      5.2.3.2. Período de 1995 a 1998......................133

      5.2.3.3. Período de 1999 a 2002......................136

6. Notas conclusivas...139

7. Referências..155

Notas 165

1. Introdução

O governo do estado do Ceará, a partir de meados da década de 1980 do século passado, passou por rápidas e profundas mudanças que alteraram tanto sua estrutura administrativa governamental quanto sua relação com a iniciativa privada. O mais importante a destacar é que esse foi um processo que acompanhou diversas gestões e que, ainda, continua a gerar repercussões positivas; em termos da gestação de novos aparatos institucionais e de políticas governamentais frente aos problemas de crescimento e desenvolvimento econômico cearense. Isso, porque tal processo representou uma contínua transformação de quadros, políticas e instituições, nos âmbitos administrativo, patrimonial, financeiro, de planejamento e execução de políticas públicas. No início dessas transformações políticas está a ascensão de uma nova classe dirigente, composta por um grupo de empresários, com raízes e interesses radicados no Ceará, formado na esteira do processo de modernização realizado pela SUDENE, particularmente, entre os anos 1970 e 1980.

A referida transformação política possibilitou a reorganização e reestruturação política e administrativa, por meio de reformas e ações saneadoras e modernizadoras da máquina pública, que podem ser agrupadas na direção de uma mudança institucional; fenômeno no seu conjunto (mudança política e institucional) denominado por Bonfim (1999) de **singularidade cearense**. Justamente, por antecipar a agenda de modernização da economia brasileira da década de 1990, como também destacado por Pires Souza (2005).

O período que se iniciou em 1987 e, de certa forma, continua até o presente, constitui-se emblemático para o estado do Ceará. Pois, reflete o desenvolvimento de uma extraordinária capacidade para formular e implementar, de modo adaptativo à evolução do seu contexto, externo e interno, um projeto estadual de crescimento e desenvolvimento econômico em sintonia com as transformações do capitalismo contemporâneo. O ponto de partida, como anteriormente referido, foi um conjunto de transformações políticas e institucionais, resultado do embate entre duas oligarquias locais pelo comando governamental do estado: a oligarquia coronelista e oligarquia mercantil/industrial. Tal mudança política pode ser traduzida numa correspondente mudança de mentalidade em relação a condução da administração pública e, a mudança institucional, está relacionada, por sua vez, com a modernização das áreas de administração, planejamento, finanças e políticas públicas; com especial destaque para o setor industrial, foco deste livro. Esses elementos deram sustentação a formulação de um projeto governamental de desenvolvimento estadual que continua inacabado, por ser entendido politicamente como processo de aprendizado institucional, por parte das várias gestões que se sucederam. Inclusive pelo governo que se instalou em 2015, no qual o governador eleito (Camilo Santana) não era nem mais representante do grupo original de empresários da oligarquia mercantil/industrial, nem do grupo político dos Ferreira Gomes (apesar de Camilo Santana ter sido apoiado por este grupo rompeu com o mesmo durante sua gestão), que conduziu o estado entre 1991/1994 (Ciro Gomes), e entre 2007/2015 (Cid Gomes).

Isto posto, vamos a peleja.

2. Mudanças institucionais e políticas
2.1. Transformações políticas

Para entender as transformações políticas ocorridas no Ceará, em meados da década de 1980 do século passado, faz-se necessário qualificar uma ordem de fatores, que em maior ou menor grau contribuíram para tanto.[i] São fatores econômicos, políticos, institucionais e ideológicos, tanto de ordem interna quanto externa, que pela sua complexidade e estreito relacionamento não permitem afirmar que um deles isoladamente tenha atuado de forma decisiva ou determinante para o caminho de crescimento que trilhou o Ceará, na década de 1990. Certamente é um caso de sucesso inscrito nas páginas do desenvolvimento capitalista. Porém, extrair dele uma teoria do desenvolvimento, como de qualquer caso de sucesso, é um exercício em termos teóricos frustrante. Isso porque, dimensionar o peso da política e da ideologia no processo torna-se impossível, dado que a combinação de semelhantes ideologias e força política de determinados grupos podem levar a resultados diferenciados, se não opostos em diferentes regiões, mesmo que estas apresentem características semelhantes.

No caso do Ceará, essa combinação de fatores resultou na legitimação de uma determinada ideologia, que embora também carregue um caráter oligárquico, possui, todavia, um viés modernizador-desenvolvimentista (mesmo estando inscrita nos moldes da modernização conservadora característica das regiões subdesenvolvidas). Ideologia que por sua vez foi gestada por um grupo de empresários organizados no Centro industrial do Ceará (CIC)[ii], e posteriormente disseminada na sociedade através de um projeto político que, a partir de 1982, se concentrou explicitamente na conquista do estado como meio de expressão dos seus interesses.

O primeiro ponto a ser destacado dessa transformação política diz respeito ao ambiente político propício caracterizado pelo clima de insatisfação generalizada, em face dos desmandos políticos, característicos de uma oligarquia coronelista; e a situação social e econômica desastrosa em nível estadual, continuamente agravada pelo problema das secas. No plano nacional, assistia-se à superação do regime militar e a instalação da Nova República e da Assembleia

Nacional Constituinte. Este ambiente representou, particularmente para o Ceará, uma oportunidade histórica de mudança de hegemonia política, embora restrita às elites dominantes.

Foi essa desordem econômica e política do estado, na década de 1980, a qual ameaçava os investimentos e às perspectivas futuras de negócios do empresariado local, que promoveu o rompimento da classe empresarial com a classe política mais tradicional do estado. O que por sua vez, revela uma importante característica do empresariado local: o seu poder de organização.[iii] O CIC, congregava um grupo de jovens empresários, homogeneizados por categoria social e pelo treinamento, que veio a se constituir, naquele momento, o grupo político mais organizado, coeso e com condições de ser a alternativa política, após a transição nacional da ditadura militar para um ambiente democrático com participação política (Parente, 2002). Como bem argumenta Bonfim (1992, p. 46):

> A situação política cearense no final da década de 1970 até a metade dos anos 80 sugeria a ação coletiva mobilizada pelo grupo do CIC, em especial sua entrada na disputa sucessória do governo estadual. Como resultado das lutas pelo poder, estabelecidas entre as maiores lideranças políticas estaduais durante o período ditatorial, o clientelismo e a patronagem

tornaram-se as principais moedas políticas no estado, chegando a inviabilizar a administração pública no final do período governativo de 1982 – 1986, quando o Ceará encontrava-se virtualmente falido.

Em segundo lugar, apresenta-se como elemento fundamental nessa transformação a postura modernizante desse grupo empresarial. Analisando os efeitos do artigo 34/18[iv] e, posteriormente, do Fundo de Investimento do Nordeste (FINOR), sobre o comportamento do empresariado nordestino, especialmente dos estados da Bahia, Pernambuco e Ceará, Abu-El-Haj (1997, p. 331), observou que:

> [...] o empresariado destes dois estados [Bahia e Pernambuco] vinculou-se a instituições públicas, assumindo uma postura conservadora e tutelada pelo Estado autoritário. Essencialmente, estes grupos permaneceram ligados à estrutura local tradicional e aos conceitos dominantes do coronelismo.

No Ceará, de forma específica, o referido autor observou que diferentemente da Bahia e Pernambuco, o apoio do FINOR condicionou o surgimento de um empresariado autônomo do poder político local, das instituições tradicionais, e crítico do modelo de intervenção governamental do Estado brasileiro.

A explicação desses efeitos contraditórios da intervenção do Estado brasileiro no Nordeste, ainda para o citado autor, foi determinada pela tipologia das indústrias financiadas e pela "naturalidade" dos empresários envolvidos.

> Em Pernambuco e na Bahia 90% dos recursos foram destinados a indústrias de capital intensivo: metalurgia, química e material elétrico. No Ceará, contrariamente, a grande parcela dos incentivos fiscais foi destinada à indústria tradicional: têxtil, alimentícia e vestuários, e com predominância de empresas de médio porte [...] o fortalecimento da indústria tradicional no Ceará, o avanço tecnológico da indústria, a organização competitiva de empresas de médio porte, a adoção da concepção empresarial de Sociedade Anônima e a inserção competitiva nos mercados nacionais e internacionais foram elementos decisivos para moldar o comportamento político e a ideologia dos empresários do CIC. (ABU-EL-HAJ, 1997, p. 329 e 331)

O empresariado cearense, de forma geral, e particularmente, os integrantes do Centro Industrial do Ceará – CIC, assumiram uma posição peculiar no Nordeste: de uma vanguarda política empresarial que colocou a ocupação do estado como alvo de sua atuação e intervenção social. Enquanto que a industrialização do Ceará estava sendo realizada, quase na sua totalidade por empresários cearenses, a industrialização da Bahia e de Pernambuco era realizada por empresários do Centro-Sul.

Para Abu-El-Haj (1997, p. 331), "[...] o empresariado cearense representou o novo perfil de autonomia para com o Estado, através do enraizamento da Ética competitiva e do espírito concorrencial." Em resumo, o projeto político dos empresários do CIC divergiu da atuação corporativa patronal do empresariado brasileiro, como bem coloca Abu-El-Haj (1997).

> Diferentemente da Bahia e de Pernambuco, o desenvolvimento industrial do Ceará entre as décadas de 50 e 70 deveu-se basicamente à iniciativa privada local. Os grandes empreendimentos de investidores de fora da Região induzidos pelos incentivos federais localizaram-se quase que exclusivamente na Bahia e em Pernambuco [...] O Ceará, nesse período, foi excluído das alternativas locacionais consideradas pelos grandes empreendedores externos e, também, pelo Governo Federal [...] coloca[ndo] o Ceará em posição de desvantagem em relação aos demais estados brasileiros. (ROCHA, 2004, p. 59)

No entanto, é importante registrar que o governo do Ceará, mesmo na época dos "coronéis", já vinha implementando um conjunto de políticas públicas ligadas à infraestrutura e à indústria, com expresso objetivo desenvolvimentista para compensar a baixa participação do estado nos recursos federais. No campo institucional a reação do governo do Ceará foi a criação, em 1962, da Companhia de desenvolvimento do Ceará – CODEC.

Criada como uma empresa de economia mista, de controle acionário do estado e com a tarefa específica de promover a industrialização do Ceará. Esta tinha como objetivo contrabalançar os efeitos dos incentivos federais, optando pelas seguintes linhas de ação: construção de infraestrutura, criação de zonas (distritos) industriais e análise de oportunidades industriais. Em suma, o governo estadual estabeleceu como prioridades a implantação de infraestrutura, como, por exemplo, a oferta de serviços portuários, expansão da oferta de energia elétrica e da malha viária do estado, que viesse a atender o setor industrial.

> A necessidade de uma instituição estadual com as características da CODEC resultou da observação, pelo governo estadual, da atuação das agências regionais de desenvolvimento, que, por mais rigorosas e anti-clientelistas que fossem, terminavam por alocar seus recursos em maior escala nos Estados da Bahia e de Pernambuco, por serem aqueles que ofereciam uma nítida vantagem em termos de infra-estrutura, mercados locais e regionais, pela maior proximidade com o Centro-Sul. (EWBANK ROCHA, 1988, p. 26)

Dessa forma, no estado do Ceará, a preocupação com a atração de indústrias é registrada desde meados de 1960 do século passado, com a criação da CODEC e a formulação do primeiro plano governamental de desenvolvimento, o Plano de Metas Governamentais – PLAMEG[v], do Governo Virgílio Távora (1963-1967). É possível observar, neste primeiro plano de governo, uma incipiente abordagem de política industrial por parte do poder público local. Complementarmente, foram criados órgãos e empresas estatais que deveriam se ocupar da promoção do desenvolvimento industrial, atuando no planejamento e na execução de metas estabelecidas. Assim, além da CODEC, foram criadas a Superintendência de Desenvolvimento do Ceará – SUDEC e o Banco do Estado do Ceará – BEC. A atribuição da primeira era a de planejar e orientar o desenvolvimento econômico e social, e a do BEC, de executar as operações bancárias necessárias aos programas de investimentos.[vi]

Esse esforço de industrialização do Ceará ganhou novo impulso, em 1979, com a Lei que deu lugar à Política de Atração de investimentos e a criação do Fundo de Desenvolvimento Industrial – FDI[vii], mais tarde reformulado e transformado no principal mecanismo da política de atração de investimentos dos "governos mudancistas". A criação deste instrumento foi influenciada diretamente pelo III Polo Industrial do

Nordeste. Programa lançado pelo governo federal visando a alterar a concentração de investimentos, em favor do Ceará, já que as empresas industriais atraídas pela SUDENE, localizaram-se principalmente nos estados de Pernambuco e Bahia.

Em síntese, observa-se que foi um conjunto de circunstâncias bastante particular que provocou uma mudança de trajetória no estado do Ceará, em meados da década de 1980. Estado atrasado, oligárquico, que não participou da fase áurea do poder nordestino, mas que encontrou na ação da Sudene, na segunda metade de 1970, a oportunidade de dar início a transformação da sua estrutura produtiva, orientada através da presença marcante do empresariado local. Neste sentido, inclusive antecipando o Brasil dos anos 1990: adoção dos preceitos neoliberais de redução do tamanho do Estado, de modernização e racionalização do aparato burocrático; privatizações e a terceirização de serviços; e controles administrativo-financeiros intensificados com vistas a liberar recursos para investimentos em infraestrutura econômica, bem como também para fazer frente aos encargos financeiros decorrentes de operações de crédito contraídas interna e externamente. (Pires Souza, 2005)

2.2. O caráter burocrático em detrimento de uma alternativa mais política

Bonfim (2002), analisando a composição do primeiro escalão governamental cearense no primeiro governo mudancista (1987 a 1997), revela que houve um esforço por uma alternativa técnica, em detrimento de uma alternativa mais política, como vinha acontecendo nos governos anteriores. Para o autor, a grande diferença em relação ao período compreendido, entre 1979 e 1986, residiu justamente no aspecto da não centralidade da atividade política e no reforço de critérios técnicos no contexto da burocracia cearense.

Abu-El-Haj (2002), reforça a análise de Bonfim (2002). Segundo ele, tradicionalmente no Ceará, as nomeações do segundo escalão eram indicações pessoais de aliados. O rompimento com esse padrão foi visto como uma negação a convenções políticas estabelecidas há muitas gerações. Essa rejeição marcou a primeira gestão da nova elite dirigente que acreditava que a nomeação de técnicos abriria caminho para profundas mudanças sociais.

> [...] A composição do secretariado do primeiro governo Tasso confirma o peso dos técnicos,

infinitamente superior às nomeações políticas. O perfil dos secretários-chaves do governo aponta para um grupo de funcionários compartilhando reconhecido mérito técnico, ativismo em movimentos sociais de base e oposicionismo ao regime militar. (ABU-EL-HAJ, 1997, p. 92)

A tabela 1, dá a dimensão dessa mudança de composição, segundo as categorias de origem. Bonfim (2002), dividiu estas categorias em tecnocratas ou técnicos, políticos e empresários. [viii]

Tabela 1: Número total de Secretários de Estado no Ceará por período de governo, segundo origem, em (%)

	G. Mota 1983/1987	T. Jereissati 1987/1990	Ciro Gomes 1990/1994	T. Jereissati 1994/1997
Técnicos	50,0	60,7	70,8	64,8
Políticos	21,4	25,0	16,7	17,6
Empresários	--	10,7	4,2	17,6
Sem registro	28,6	3,6	8,3	--

Fonte: Bonfim (2002), adaptação do autor.

De acordo, ainda, com Bonfim (2002), pode-se dizer que houve no Ceará, a partir de 1987, uma divisão nítida e bem demarcada entre política e economia. Para tanto, o insulamento das secretarias econômicas foi parte definitiva do processo, protegendo o núcleo técnico contra a interferência política vigente no período anterior. [ix] Esse processo teve continuidade no governo instaurado, em 1990, e no posterior. Nos quais a composição do secretariado em áreas sensíveis e definidoras das políticas de desenvolvimento econômico obedeceu a uma lógica técnica bastante pronunciada.

Em suma, os três primeiros mandatos de governo que se iniciaram em 1987, ajudaram a consolidar o papel da elite tecnocrática na liderança das políticas públicas de desenvolvimento, contando com a ajuda e apoio de empresários engajados dentro do governo.

> Além disso, em algumas áreas importantes do governo, sobretudo a Educação, Administração, Agricultura, Saúde e Indústria e Comércio, houve mudanças de ênfase que indicam uma maior profissionalização do serviço público estadual no Ceará: o estabelecimento de concursos internos para cargos importantes como a direção de escolas estaduais e a exigência da qualificação e treinamento do servidor para propósitos de ascensão funcional, antes vinculada apenas ao desempenho e sobretudo à antiguidade. (BONFIM, 2002, p. 41)

Entretanto, um governo com composição mais técnica não significa ausência de conflitos, especialmente quando o estilo gerencial adotado pelo governo do estado foi o estilo clássico – unicidade do comando das organizações, cujas decisões são tomadas na cúpula, enquanto aos executivos competia somente a implementação irrestrita das ações preestabelecidas. Esta foi uma crítica feita tanto por Bonfim (2002), quanto por Abu-El-Haj (1997) ao primeiro "governo das mudanças". Para este último autor, por exemplo, as mudanças políticas no Ceará, apesar do sucesso em recuperar a disciplina interna do setor público, fracassaram no projeto final de construir instituições autônomas e inseridas socialmente. Um outro ponto passível de crítica está relacionado ao jogo político implementado para manter esse grupo no poder. Gondim (1998), afirma que houve nas políticas relativas à saúde e educação, nos governos Jereissati e Ciro Gomes, um processo de clientelização com fins eleitoreiros.

Portanto, apesar de todas as reformas administrativas implementadas, para manutenção do poder e consolidação do grande projeto político do CIC, qual seja, a reforma do estado do Ceará para o desenvolvimento econômico, os governos mudancistas acabaram recorrendo à patronagem e ao clientelismo em busca de apoio eleitoral, perdido de certa forma, devido ao próprio caráter antipopular das reformas implantadas. Como bem argumenta Bonfim (1999, p. 162),

> De qualquer modo, é possível concluir [...] sugerindo a possibilidade teórica de que o Ceará, na esteira de seu processo acelerado de modernização, principalmente a partir de 1987, tenha recorrido às práticas clientelistas e da patronagem como estratégia política para concretizar objetivos econômicos que, ao impor perdas significativas a atores metropolitanos, - os funcionários públicos são apenas um caso extremado – sujeitariam todo o projeto modernizante às intempéries democráticas e sua regra da maioria.

Em síntese, o sistema político cearense não se tornou mais aberto e democrático, apesar de manter-se dentro de um ambiente político democrático, pois deu continuidade ao domínio oligárquico do poder estadual, assentado agora nas figuras políticas mais eminentes do PSDB no Ceará. Embora não se possa negar o aspecto modernizante desse projeto político, que terminou por gerar a tal **singularidade cearense**.

2.3. A reforma administrativa, o planejamento e o papel da Tecnologia da Informação

A modernização administrativa, na ótica do novo governo que se instalou em 1987, refletia a preocupação com a "eliminação" do clientelismo político, do empreguismo no setor público, da má aplicação de recursos do governo e da falta de transparência das ações estatais. As áreas de política de modernização do governo estadual foram assim estabelecidas: modernização administrativa; institucionalização do sistema de planejamento; reordenamento das finanças públicas; recuperação do sistema bancário estatal; mobilização de recursos externos; cooperação técnica e financeira; e informatização da máquina administrativa estadual, com vistas a racionalização e modernização dos órgãos e entidades públicas.

Já em 1987, o novo governo implementou três medidas imediatas para resgatar a autonomia do setor público estadual dos "vícios" das administrações dos "velhos" coronéis, que durante quase vinte anos, foram marcadas pelo clientelismo, empreguismo, desorganização da máquina pública, ineficiência. Conforme Abu-El-Haj (1997, p. 91), foram elas: 1) nomeações predominantemente técnicas que priorizavam a qualidade administrativa em oposição ao apadrinhamento político; 2) disciplinamento cotidiano da administração pública, com o intuito de recuperar a hierarquia administrativa e o fluxo gerencial normal necessário, para o funcionamento harmonioso das instituições governamentais; e 3) recuperação das finanças públicas e da capacidade de investimento do estado.

Como informa Gondim (1997, p. 373), as medidas 2 e 3 foram realizadas através da: i) implantação do Sistema Integrado de Contabilidade, o qual permitiu o acompanhamento da execução orçamentária, financeira e contábil de todos os órgãos da administração estadual, inclusive do Legislativo, Judiciário, Ministério Público, fundos, fundações, autarquias, empresas públicas e sociedades de economia mista e; ii) reforma da Fazenda Pública, incluindo informatização, reestruturação organizacional e funcional, rodízio de fiscalização, capacitação de pessoal e reformulação do aparato tributário e da adoção de preços "realistas" pelas companhias estatais responsáveis pelos serviços públicos.

Em termos do funcionalismo público estadual, já nos primeiros dias de governo foram emitidos vários decretos disciplinando a questão do vínculo empregatício. Este foi um ponto fundamental do processo de reforma administrativa em dois sentidos: 1) no que diz respeito à adoção de sistemas impessoais e moralizadores de controle e desempenho; e 2) na contenção de despesas. Já, no primeiro ano de governo (1987), o número de contracheques emitidos caiu de 148 mil para 120 mil.

> Havia à época, acumulação de cargos, pessoas com vários contracheques, pessoal que recebia, mas não comparecia ao trabalho e vários outros casos do gênero. A medida atingiu duramente essas pessoas e foram tirados da folha de pagamento todos aqueles que

> não se apresentaram em tempo hábil e os que possuíam mais de um contracheque tiveram de fazer opção imediata por apenas um, ressalvadas as exceções previstas na legislação. (BOTELHO *apud* BONFIM, p. 48, 2002)

No campo da organização administrativa os objetivos foram dotar o setor público de uma estrutura organizacional moderna (reformulação das estruturas organizacionais dos Órgãos e Entidades do Estado), treinamento e valorização do servidor público estadual e uma política de material e patrimônio.

> A reforma administrativa do primeiro governo Tasso se pautou pela redução dos gastos de custeio e pela moralização e racionalização da gestão pública. A eliminação de despesas foi implementada por meio de um rigoroso controle no gerenciamento de pessoal, cujas medidas iniciais compreenderam o recadastramento do funcionalismo público e a anulação de nomeações, contratações, promoções e transferências realizadas nos últimos nove meses pela administração anterior, o que possibilitou o cancelamento de remunerações indevidas pela redução de contra cheques emitidos. Tal controle também afetou os servidores com aviltamento significativo do poder aquisitivo pela redução do salário real médio da categoria graças a uma política de reajustes atrelada à capacidade financeira do Estado e não à recomposição segundo os índices de inflação [...]
> A reforma administrativa-financeira compreendeu ainda a eliminação e fusão de órgãos das administrações direta e indireta, a municipalização de vários serviços públicos – com transferências de patrimônio e despesas de custeio, como as de pessoal, para os municípios – e um acompanhamento estreito

> dos gastos das empresas estatais (fundações, autarquias, empresas públicas e de economias mistas). Teve início um programa de desestatização e de redução de direitos sociais que, por sua complexidade e pela resistência das partes consideradas prejudicadas, se estendeu por todos os governos das mudanças. (PIRES SOUZA, 2005, p. 2569-70)

Outro aspecto importante da reforma foi a institucionalização do Sistema Estadual de Planejamento - SEP, pensado como instrumento e processo indutor do aumento da eficiência e eficácia da ação governamental, no tocante aos seguintes pontos: mobilização e gerenciamento de recursos, negociações de apoio técnico e financeiro ao estado, elaboração e acompanhamento do orçamento estadual, acompanhamento das ações governamentais, coordenação de programas especiais, sistematização de informações, treinamento de recursos humanos para o SEP e realização de estudos e pesquisas. Passaram a compor o SEP os seguintes subsistemas: de planejamento e programação; de acompanhamento e avaliação; sistema de informações para o planejamento; subsistema de ciência e tecnologia; de orçamento e finanças; de modernização administrativa.

Portanto, já no ano de 1987, o governo estadual elegeu como uma de suas prioridades a implantação de um Sistema Estadual de Planejamento, como instrumento da viabilização do gerenciamento de suas ações, tanto no que diz respeito à definição e execução de programas e projetos, como no seu acompanhamento e controle. Foi implantado um Departamento de Modernização Administrativa com o papel de orientar os demais órgãos do estado na elaboração de regulamentos e outros instrumentos organizacionais, objetivando a modernização e racionalização dos serviços administrativos. Em 1988, o planejamento governamental foi fortalecido, com a consolidação do Sistema de Acompanhamento das Ações Governamentais, a introdução de uma nova sistemática orçamentária, o treinamento de recursos humanos e a promoção de investimentos.

Em 1990, último ano do primeiro "governo mudancista", a Secretaria de Administração – SEAD, já se encontrava reestruturada e dotada de condições para dar continuidade, nos diversos campos da administração, às mudanças administrativas de caráter modernizante. A aprovação da Lei de Diretrizes e Bases da Administração Estadual possibilitou a preparação de Decreto regulamentando a descentralização, a desconcentração e a delegação de competência, objetivando maior flexibilidade operacional, aumentando a eficiência e efetividade do serviço público, com melhor atendimento e menor custo.

No governo seguinte, iniciado em 1991, deu-se continuidade a reorganização institucional do estado. A reforma administrativa, Lei nº 11.809, de 22 de maio de 1991, implicou a criação e extinção de órgãos e entidades, deu a Secretaria de Administração do Estado – SEAD, a coordenação dos segmentos de modernização administrativa, recursos humanos, material e patrimônio.

É importante destacar também as ações implementadas para a consolidação do Sistema Estadual de Planejamento – SEP, nesse período. Um passo de fundamental importância foi a aprovação de uma nova regionalização do estado que dividiu o mesmo em oito Áreas de Desenvolvimento Regional – ADR's: Litoral, Jaguaribe/Centro Sul, Sobral/Ibiapaba, Inhamuns, Cariri, Sertão Central e Região Metropolitana de Fortaleza.

Nessa perspectiva, foi também pensada e implantada a instituição que deu a direção do sistema estadual de inovação, criada em 1990, sob a denominação de Fundação Cearense de Amparo à

Pesquisa (Funcap). Em 2001, a sua denominação foi alterada para Fundação Cearense de Apoio ao Desenvolvimento Científico e Tecnológico (Funcap). Esta instituição tem como objetivos: 1) apoiar a pesquisa científica e o desenvolvimento tecnológico no estado do Ceará, em caráter autônomo ou complementar ao fomento provido pelo Sistema Federal de Ciência e Tecnologia; 2) fortalecer e dar suporte às atividades de informação e extensão tecnológica que venham atender demandas do setor produtivo; 3) contribuir com o fomento à capacitação de recursos humanos no estado do Ceará, em nível de pós-graduação; 4) criar programas estratégicos de pesquisa, desenvolvimento tecnológico e transferência de tecnologia de apoio aos programas de desenvolvimento definidos nos planos de governo estadual; 5) promover ações que venham resultar no fortalecimento da ciência em todos os níveis do conhecimento e; 6) contribuir para a elaboração da política de ciência e tecnologia do estado.

Na ótica do governo estadual, as bases para um desenvolvimento econômico e social sustentável dependia da aliança simbiótica da ciência com a produção. Nesta perspectiva, foi criada em 1993, a

Secretaria de Ciência e Tecnologia – SECITECE, com o objetivo de, numa visão sistêmica, articular as ações de pesquisa, ensino, extensão e desenvolvimento tecnológico.

Em 1995, o governo do estado foi novamente liderado por Tasso Jereissati. Na sua mensagem à Assembleia Legislativa, destacou o ajuste realizado nas contas públicas, nos oito anos passados, que permitiu ao estado criar capacidade de investimento com recursos próprios e recuperar a infraestrutura social e econômica, assim como dotar o governo de condições efetivas para o exercício de políticas indutoras do desenvolvimento.

Em 1999, Tasso Jereissati foi reeleito e na sua mensagem à Assembleia Legislativa explicitava que no seu novo mandato buscava consolidar "[...] um Projeto de Desenvolvimento que ambiciona transformar este Estado numa das áreas mais promissoras e dinâmicas da federação." [x]

Portanto, a continuidade no poder desse grupo político possibilitou, ao longo do tempo, a formulação de um projeto de desenvolvimento para o estado no longo prazo. Nesse projeto de desenvolvimento, a infraestrutura assumiu papel de destaque. As ações estruturantes, como denominada pelo governo estadual, visavam remover os entraves à atração de investimentos privados. Para atingir os seus objetivos a gestão pública sofreu contínuo aperfeiçoamento a cada período de governo, mediante o reposicionamento estratégico do planejamento governamental, da reforma do estado, do gerenciamento eficaz das finanças públicas e da modernização da infraestrutura tecnológica. Uma característica importante das transformações ocorridas na administração pública do estado, neste ponto, reside no entendimento por parte do próprio governo de que a modernização administrativa é "[...] um processo permanente de revisão e atualização dentro de um modelo organizacional planejado [...]."[xi] Apesar de sua postura liberal, o governo estadual, em todo o período aqui analisado, considerou o planejamento governamental essencial na consecução de seus objetivos. Na mensagem de 1995 à Assembleia Legislativa fica patente essa afirmativa: "[...] é fundamental a intervenção do Estado na economia, como elemento ativo, no sentido de adotar uma ação politicamente deliberada e tecnicamente racional, elegendo e hierarquizando as prioridades." [xii]

Ainda, no ano de 1999, foi concluída a remodelagem organizacional do Sistema SEPLAN, que teve como principal objetivo o redesenho de processos de planejamento referentes à gestão do orçamento estadual, no que diz respeito a: 1) desburocratização e efetivação do acompanhamento e avaliação da execução orçamentária; 2) formação de uma gestão descentralizada e participativa e; 3) coerência entre o planejamento e a execução. Foi também estruturada a Superintendência da Tecnologia da Informação (STI), com o objetivo de gerir a tecnologia da informação no estado.

Importante, ainda, neste período de governo, no bojo da remodelagem organizacional, foi a criação no ano de 2000 (Lei n 13.052), do Centro de Estratégias de Desenvolvimento do Ceará – CED, autarquia vinculada à Secretaria de Planejamento e Coordenação (SEPLAN), que tem como objetivo a formulação de diretrizes e estratégias para subsidiar as ações de governo no âmbito das políticas públicas e do desenvolvimento econômico, aglutinando competências técnicas especializadas, voltadas para todos os setores da economia cearense, com a finalidade de fortalecer sua competitividade.

Por fim, é importante ressaltar que em todo o processo descrito acima, a Tecnologia da Informação foi utilizada, desde o início, como um instrumento de apoio aos processos essenciais de governo e como suporte às suas transações e tomada de decisões.

Já, em 1987, o governo estadual entendeu a informatização de sistemas como um dos principais instrumentos para a modernização da administração e do planejamento estadual. Sob pena de comprometer o próprio desempenho do governo, a complexidade e abrangência da ação governamental exigiu um esforço imediato nesse setor. Nessa época, eram praticamente nulos os fluxos sistemáticos de informações entre os órgãos da administração pública estadual. Assim, num primeiro momento, foi iniciada a implantação de um suporte computacional voltado para as áreas de administração, segurança pública, planejamento e fazenda. A partir de então, a informática passou a fazer parte da rotina dos órgãos do estado. O incentivo à utilização progressiva da informática pela máquina administrativa estadual passou a fazer parte das diretrizes da ação governamental, com vistas a racionalização e modernização dos órgãos e entidades públicas.

No ano de 1989, a administração pública do Ceará já estava com os seus principais sistemas e atividades informatizados, desde a elaboração e execução do orçamento, passando pela arrecadação da receita, a administração de pessoal, a elaboração de folhas de pagamento, o controle do patrimônio, o acompanhamento das ações constantes no plano de governo. Favorecendo o próprio planejamento da ação do governo, assim como a descentralização de suas atividades e dando transparência as mesmas. Nesse sentido, o governo do estado do Ceará passou a considerar

> [...] a Tecnologia da Informação - TI um componente estratégico que deve ser aplicado na Administração Pública Estadual para propiciar a melhoria da gestão pública, dos processos organizacionais e a qualidade dos serviços prestados ao cidadão [...] Os recursos investidos pelo Estado em TI nos últimos anos visaram dotar a Administração Pública Estadual de uma infraestrutura tecnológica adequada para sua informatização, integração dos órgãos e entidades estaduais e criação de condições favoráveis para a utilização de soluções estratégicas de suporte às decisões de Governo e ao cumprimento da sua missão. (CEARÁ, 2003, p. 6)

No contexto da reforma em andamento, destaca-se, por fim, a criação em 2000, da Empresa de Tecnologia da Informação (ETICE). Empresa pública vinculada à Secretaria da Administração (SEAD), com o objetivo de fornecer suporte técnico ao gerenciamento descentralizado da infraestrutura da Tecnologia da Informação.

2.4. Finanças públicas

As finanças públicas, quer analisada sob o ângulo das relações horizontais ou verticais, estão no centro da problemática de ajuste e reconstrução das economias. Com base na literatura existente[xiii] este item procurará evidenciar que a reforma fiscal, como política governamental, foi decisiva na implantação do modelo de desenvolvimento cearense gestado no período aqui analisado. Esse empenho em colocar as contas públicas estaduais em equilíbrio fez parte de uma ação mais abrangente que buscava:

> [...] articular vários aspectos do que se tem chamado de desenvolvimento sustentável, situação em que [...] se procura concomitantemente, atrair o investimento privado, relocalizá-lo no espaço territorial do estado, criar as condições de infraestrutura para facilitar a atração desse tipo de investimento, através da ação estatal no levantamento de recursos de poupança externa capazes de viabilizar os projetos estruturantes da economia estadual e, finalmente, criar as condições para que, no longo prazo, a incorporação da população se dê pela via do mercado, do emprego produtivo e da expansão das oportunidades de negócio em uma

> economia dotada de recursos capazes de garantir o seu dinamismo endógeno. (BONFIM, 1999, p. 212)

O déficit orçamentário do Ceará, em termos primários, atingiu proporções colossais, em 1987, representando neste ano um nível de 83% da receita efetiva do estado. O quadro deixado como herança ao governo "mudancista" que se instalou em 1987, como esclarece Bonfim (1999, p. 237), era dos mais graves e tinha como contrapartida: "[...] a inadimplência generalizada do Ceará, tanto no que se refere às parcelas de sua dívida, passando pelo salário do funcionalismo, chegando a uma intervenção federal no Banco do Estado do Ceará (BEC), para alcançar, finalmente, todos os fornecedores e prestadores de serviço do Estado [...]." Portanto, é importante destacar que no período que antecede à implementação do programa de ajuste, a gestão no governo estadual caracterizava-se por enormes e crescentes déficits orçamentários decorrentes do anacronismo do sistema fazendário então existente (permeável à manipulação política) e da forte expansão verificada nas despesas de custeio, sobretudo da folha de pagamentos do funcionalismo, mercê do descontrole na contratação de servidores (a maioria sem concurso público), e da concessão de vantagens e reajustes salariais incompatíveis com as disponibilidades do Tesouro Estadual. (IPLANCE, 1993)

Analisando as transformações das finanças públicas do estado do Ceará, no período 1986/1996, Vasconcelos (1999), identificou que estas foram determinadas por um conjunto de fatores políticos, econômicos e administrativos, os quais alteraram profundamente as receitas, as despesas, o endividamento e as instituições financeiras oficiais do estado. Segundo o autor, a administração das finanças estaduais foi inteiramente reestruturada a partir de 1987:

> 1) foi restaurado o princípio da universalidade do pagamento dos tributos e valorizada a atuação da fiscalização e das autoridades fazendárias que se encontravam diminuídas em virtude das interferências políticas no processo de cobrança dos impostos;
> 2) foram implantados sistemas computadorizados para aumentar a eficiência das áreas tributárias, administrativas e operacionais;
> 3) foi estimulada a fiscalização, que podia ser feita, desde então, não apenas no estabelecimento do contribuinte, mas também por intermédio da análise dos dados cadastrais em computador;
> 4) foram adotadas medidas de valorização do pessoal fazendário, inclusive com a realização de cursos de reciclagem e de treinamento, para promover-se a moralização da conduta dos fiscais e efetuar-se um rodízio de fiscais e coletores nas distintas coletorias estaduais;

5) foi efetuada revisão da legislação e das normas tributárias, com a adoção de medidas que propiciassem maior controle e produtividade da arrecadação, com ênfase no aprimoramento dos regimes de antecipação e substituição tributária e;
6) foi implantado o Sistema Integrado de Contabilidade (SIC) - um moderno sistema computadorizado que passou a atender a todas as etapas do processo do gasto público: orçamento, empenho, liquidação e contabilidade. [xiv]

Pelo lado da despesa, como informa ainda Vasconcelos (1999), o ajuste compreendeu o controle rigoroso das despesas de custeio, através de redução progressiva do número de funcionários e dos gastos com pessoal. Tal ajuste foi obtido por intermédio de duas políticas: de redução progressiva do número de funcionários; e de contenção salarial, que promoveu uma drástica redução do salário real dos servidores públicos.

O ajuste fiscal no Ceará envolveu, além das medidas administrativas descritas no item anterior, o controle da dívida pública estadual por meio de várias negociações, ao longo dos anos, compreendendo refinanciamentos e redução do estoque da dívida. [xv]

Alguns indicadores permitem avaliar os resultados do ajuste fiscal realizado no Ceará. O primeiro indicador refere-se à relação das Despesas com Pessoal e à Receita Corrente Líquida – RCL. Isto porque a compressão imposta aos gastos com pessoal foi uma das medidas centrais do ajuste estrutural do Governo das Mudanças. Entre, 1987 e 2000, segundo Pires Souza (2005), a média de comprometimento da RCL com despesas de pessoal ficou em 36 %.

> Vale registrar, que a rigor as Leis Camata e de Responsabilidade Fiscal praticamente foram observadas no Ceará, pois, segundo nos cálculos, desta pesquisa para as duas décadas em estudo, somente em dois anos (1980 e 1981), os gastos com pessoal excederam as respectivas RCLs, ou melhor, mesmo antes de esse teto ser definido (em 1995), praticamente ele jamais fora ultrapassado, o que significava um certo exagero em imputar à folha salarial o papel de "vilão" das contas públicas. (PIRES SOUZA, 2005, p. 2579)

O grau de endividamento do estado, para o período de 1997 a 2001, definido como a relação entre a dívida total do estado e sua RCL, ficou em 1,14, em média. [xvi] Portanto, abaixo do limite máximo estabelecido pela Lei de Responsabilidade Fiscal, o qual corresponde a duas vezes a RCL anual.

Outro indicador importante refere-se ao grau de dependência de recursos transferidos pela União, definido como a relação entre as transferências correntes e a receita corrente líquida. Quanto mais o indicador se aproxima de 1, maior o grau de dependência de recursos transferidos da União, ou ainda, a maior parcela dos recursos disponíveis para o estado que não é proveniente de seu sistema de arrecadação. Para o período de 1997 a 2001, excetuando-se os estados da Bahia, Ceará e Pernambuco, todos os demais estados do Nordeste apresentam grau de dependência superior a 0,50 (na média), significando que mais da metade de suas receitas são provenientes de transferências. [xvii]

Para o período, 1988/2000, os dois indicadores acima podem ser retratados através do computo entre receitas e despesas totais, que revelam o esforço para o ajustamento das contas públicas. Pires Souza (2005, p. 2578), demonstra que foram atingidos superávits correntes para todo o período: "[...] gerou-se poupança corrente, retratando, por um lado, o rigor imposto no controle das despesas correntes e, por outro, o êxito obtido no incremento da arrecadação, elevando assim a capacidade do governo na utilização de recursos próprios para os mais diversos fins."

Um último indicador importante é revelado pelos gastos com investimento, expresso pela relação entre os gastos com investimentos e a receita corrente líquida do estado. Essa relação supõe que um estado menos endividado pode está efetuando maiores gastos com investimentos, pois, provavelmente, sua receita está menos comprometida com o pagamento de dívida ou despesas com pessoal. No período de 1997 a 2001, o Ceará apresentou um indicador médio de 0,15, o quarto maior entre os estados brasileiros.[xviii] Para o período anterior, referente ao espaço entre 1986 e 1998, a capacidade do estado em realizar investimentos com recursos próprios e de dar contrapartida nos financiamentos de organismos internacionais pode ser avaliado através da Margem de Autofinanciamento, que corresponde à soma das Receitas Correntes e Receitas de Capital, menos as Despesas Correntes e Operações de Crédito. A evolução dessa relação apresenta forte crescimento para o Ceará, como revela o estudo de Vasconcelos (1999).

Por fim, Pires Souza (2005), resume o esforço do estado com o ajuste fiscal através da comparação do comportamento das receitas e despesas governamentais com o ritmo de evolução do Produto Interno Bruto (PIB) estadual. O autor constata que houve o predomínio do comportamento estacionário da razão entre tais receitas e os PIB's anuais. Ou seja,

> [...] embora ocorra evolução crescente de receitas e despesas (em valores constantes de 2000), em comparação à dinâmica econômica ocorre uma certa estabilidade, exatamente durante praticamente uma década (ou seja, nove anos, de 1989 a 1997, em que receitas e despesas apresentam a mesma proporção média, 15,8% do PIB estadual), corroborando o esforço empreendido em manter sob monitoramento a evolução dessas duas variáveis. [xix]

Estes resultados foram alcançados através de uma profunda reestruturação institucional, tendo contribuído de forma decisiva a revolução ocorrida no campo fazendário do estado.

2.5. A revolução do fisco estadual

No campo fazendário houve uma verdadeira revolução, iniciada em 1987. Em 1994, na mensagem à Assembleia Legislativa, o Governador assim se pronunciou: "[...] o Estado há-se notabilizado, nos últimos anos, como uma das raras unidades federativas a manter em dia o serviço da dívida pública, podendo, até mesmo, prescindir dos refinanciamentos autorizados pela União." Neste período, o fisco estadual aprimorou o sistema tributário, ampliou o universo dos contribuintes, criou mecanismos mais eficientes de arrecadação e, também, concedeu incentivos a setores produtivos específicos (tratamento diferenciado às operações com leite e derivados, lagosta, camarão e pescados em geral, algodão e castanha de caju), utilizando o sistema tributário para fomentar a atividade econômica.

Em primeiro lugar, houve mudanças na estrutura e funcionamento da Secretária da Fazenda do Estado do Ceará, através das quais foram melhor definidas as funções de cada setor, buscando, sobretudo, maior homogeneidade e correlação nas suas atividades. Os processos de informatização, reestruturação administrativa e as modificações na legislação, através da utilização de recursos, como a antecipação e substituição tributárias, provocaram efeitos positivos sobre o comportamento da arrecadação. Como destaca Bonfim (1999, p. 215),

> [...] o investimento em tecnologia, em capacitação pessoal e a colocação de critérios de competência na assunção de cargos de direção e assessoramento na estrutura da SEFAZ, indicam um processo de renovação no modo de gerir as contas públicas estaduais, não apenas exportadas para outras secretarias cearenses, como para outras secretarias da fazenda nacionais.

Entre 1987 e 1990, os processos administrativos internos passaram a ganhar controle informatizado, com o objetivo de garantir maior agilidade. Entre 1990 e 1994, a SEFAZ, tornou-se cada vez mais independente, em termos de recursos computacionais, trazendo para o interior da secretaria, apesar de por via da terceirização, grande parte dos bancos de dados e aplicativos relativos às atividades do órgão. Entre 1995 e 1998, as mudanças atingiram todos os níveis da administração fazendária do Ceará.

Algumas das inovações mais importantes e que ganharam notoriedade foram o sistema de controle de mercadorias em trânsito (Cometa), o Selo Fiscal e o Sistema Único de Contabilidade. O Cometa foi incorporado nos estados da Bahia, Piauí, Paraíba e Maranhão. O Selo Fiscal que é, também, um instrumento de controle da movimentação de mercadorias, passou a ser utilizado por 18 diferentes estados brasileiros. Foi instalado na Paraíba, Piauí e Bahia, por exemplo. Fato importante a ser considerado é que todas essas ideias foram geradas, desenvolvidas e postas em funcionamento pelo próprio pessoal do órgão, a partir das necessidades e da realidade vivida dentro da secretaria. O que somente foi possível com a renovação do quadro de funcionários, com a realização de concursos públicos, nos anos de 1989 e 1993, implantação de um plano de cargos e carreiras, e com a regulamentação das normas de treinamento de pessoal da secretaria, tornando tal prática algo inerente a vida da instituição. Isto tudo dentro de uma nova estrutura organizacional que visava dar maior racionalidade aos processos de arrecadação e fiscalização.

Com a estruturação do portal da SEFAZ, a *Internet* tornou-se o principal canal de comunicação com o cliente externo. A estruturação da *intranet* passou a constituir-se, também, numa poderosa ferramenta de uso interno, disponibilizando informações *online* para os servidores de todos os postos fiscais e núcleos de execução.

Em conclusão, foram essas transformações nos campos administrativo e fiscal que possibilitaram ao governo estadual a implantação de uma política de incentivos, de formatação aproximada a uma política industrial. A descrição da evolução desta política através dos planos de governo e os seus resultados serão objetos das próximas seções.

3. A evolução da "política industrial" no Ceará através dos planos de governo

O Ceará possui uma história de mais de seis décadas de planejamento. O marco da adoção pelo estado deste "instrumento de mudanças" foi o primeiro Plano de Metas Governamentais, ou 1º PLAMEG (1963-67). O aparelho institucional indispensável à sua implantação fora criado em 1962, constituídos pelo Banco do Estado do Ceará (BEC), A Superintendência de Desenvolvimento do Ceará (SUDEC), a Companhia de Desenvolvimento do Ceará (CODEC), e as secretarias extraordinárias de planejamento e de coordenação administrativa, como descrito anteriormente.

Pela primeira vez, na história econômica do Ceará, o governo buscava ordenar os investimentos públicos segundo prioridades, promover as condições de infraestrutura, administrar incentivos fiscais e creditícios e criar distritos industriais, tudo isso para induzir os investimentos privados.

Sucederam ao 1º PLAMEG, o Plano de Ação Integrada do Governo (1967-71), o Plano de Governo do Estado do Ceará, ou PLAGEC (1971-75), o I Plano

Quinquenal de Desenvolvimento do Estado do Ceará, ou I PLANDECE (1975-79), o II Plano de Metas Governamentais, ou II PLAMEG (1979-83), o Plano Estadual de Desenvolvimento, ou PLANED (1983-87). Todos esses planos, em linhas gerais, repetiram os objetivos do 1º PLAMEG, relativamente à formação da infraestrutura de energia, estradas, telecomunicações, distritos industriais, etc.

Ao longo deste período, instalou-se o Sistema Estadual de Planejamento (SEP), cristalizando assim a experiência de intervenção estatal na economia cearense. Em 1969, foi feita a primeira tentativa de definição de um modelo sistêmico para o planejamento com a instituição do Sistema de Planejamento e Controle (SPC). Em 1977, foi redefinido o SPC e proposto o SEP, que tinha como missão "[...] adequar o aparelho de produção de bens e serviços do estado às suas necessidades de desenvolvimento, em consonância com o Sistema Nacional de Planejamento". [xx]

De início, o grau de autonomia dessa intervenção foi muito modesto em função de dois fatores: 1) da reduzida base econômica e consequente baixo nível de arrecadação tributária e; 2) da dependência excessiva e crescente das verbas e garantias do governo federal. É importante ressaltar que no período militar, o sistema de planejamento funcionava apenas como mero instrumento de captação de recursos federais ou de fontes externas para financiar projetos isolados. Já, na década de 1980, a restrição foi de outra ordem. Com a crise da dívida interna e externa do país, praticamente se esgotou este esquema de financiamento.

Feita esta breve introdução, em seguida serão analisados os planos governamentais e as propostas da política de atração de investimos, ao longo do período de 1987 a 2002. Como descrito anteriormente, a reforma do estado realizada no Ceará, ainda, na década de 1980, envolveu a transformação do SEP como instrumento fundamental para as ações de governo. No quadro 1, estão apresentados, de forma sintética, os marcos da evolução da "política industrial" do Ceará.

Quadro 1: Marcos na evolução da política industrial do Ceará

Período	Marcos
1979-1982 (2º governo De Virgílio Távora, do PDS)	1. Elaboração do projeto do 'III Polo Industrial do Nordeste'; 2. Criação do 'Programa Estadual de Incentivos para a Promoção Industrial do Ceará' (1979); 3. Criação do Fundo de Desenvolvimento Industrial do Ceará – FDI (1979); 4. Construção dos distritos industriais da Região Metropolitana de Fortaleza – RMF.
1982-1986 (Governo de Gonzaga Mota, do PMDB)	1. Crise fiscal acentuada; 2. Governo 'abandona' Programa de incentivos fiscais; 3. Suspensão dos contratos de incentivos fiscais vigentes, firmados na gestão anterior.
1987-1990 (1º governo de Tasso Jereissati, do PSDB)	1. Profunda reestruturação político-administrativa. O governo realizou reformas do Estado, ajustou as contas públicas e recuperou a credibilidade e capacidade de investimento; 2. Governo reinicia política de incentivos fiscais indústria, retomando os contratos de incentivos fiscais que haviam sido 'desativados' nos Governos anteriores.
1991-1994 (Governo de Ciro Gomes, do PSDB)	1. Criação do Plano Real (1994), possibilitando início da estabilização da economia brasileira e da retomada dos investimentos privados no País; 2. Intensificação do uso da política de incentivos fiscais. Governo assume postura mais ativa e 'agressiva' na prospecção e atração de empreendimentos industriais

	externos; 3. Especialização da SDE na execução dos programas de atração de indústrias.
1995-1998 (2º Governo de Tasso Jereissati, do PSDB)	1. Continua intensificação do uso da política de incentivos fiscais; 2. Continua especialização da SDE na execução dos programas de atração de indústrias.
1999-2002 (3º Governo de Tasso Jereissati, do PSDB)	1. Promulgação da Lei de Responsabilidade de Fiscal; 2. Realização da primeira avaliação e revisão da política de incentivos fiscais por consultores externos (2000), formulando novo modelo para essa política; 3. Criação do Centro de Estratégias de Desenvolvimento – CED (2000); 4. Tentativa frustrada de 'unificação' das políticas de incentivos fiscais dos estados do Nordeste (2001); 5. Realização segunda avaliação e revisão da política, incorporando novos mecanismos de política industrial ao modelo anterior (2002- 2003).

Fonte: Rocha (2004).

3.1. Plano de Mudanças: 1987 a 1990

Em 1989, no final do primeiro governo Tasso Jereissati, após o ajuste fiscal e administrativo, o governo do estado do Ceará, através da Secretária de Indústria e Comércio – SIC, divulgou o documento "A nova política industrial do Ceará: interiorização do desenvolvimento". O programa da "nova política" estava assentado em programas e projetos prioritários, assim divididos: 1) programas de interiorização; 2) programa de promoção industrial; 3) programa mineral; 4) programa de desenvolvimento tecnológico industrial e; 5) projetos especiais.

O documento apresentava um objetivo bastante pretensioso para uma "política industrial": "[...] o grande desafio que se apresenta ao Governo do Ceará é o de direcionar uma política industrial que venha a contribuir com a erradicação da pobreza do nosso povo e do nosso meio". Entendia, o governo estadual, continuando a citação, que o "círculo vicioso 'DESEMPREGO – MISÉRIA – NECESSIDADES PRIMÁRIAS' só pode[ria] ser quebrado pela criação de trabalho". Dessa forma, o documento apontava como objetivo final da "nova política", a "criação de trabalho", que seria atingido pelo correto equacionamento de estratégias voltadas para a geração de novas oportunidades de investimento, principalmente nos setores industrial e comercial, "considerados como os mais dinâmicos do crescimento econômico", e que deveriam ser transformados "em ferramentas indispensáveis na luta contra a miséria". Este equacionamento envolvia além do fortalecimento e o redirecionamento dos objetivos dos setores industrial e comercial,

> o aproveitamento racional dos recursos naturais, pela capacitação técnica do meio, pela geração e transferência de tecnologias apropriadas, pela garantia da assistência tecnológica, gerencial, financeira e mercadológica às micro, pequenas e médias empresas, e, sobretudo, pela implantação de projetos de porte que sejam demandadores de mão-de-obra e geradores de empresas satélites. (CEARÁ, 1989b, p. 6)

Segundo, ainda, o mesmo documento, a "nova política" era um "programa industrial integrado olhando o Estado como um todo". Explicitando, assim, o seu segundo objetivo, que se referia a desconcentração da atividade industrial (altamente concentrada na capital) e dos indicadores sociais: "acelerar a mudança do perfil socioeconômico, hoje altamente concentrador, deve ser a grande meta política". A preocupação com os elevados níveis de concentração torna-se explicita na seguinte citação das publicações do próprio governo:

> [...] as áreas do interior do Estado, bloqueadas que estão em seu desenvolvimento, procuram desenvolver atividades marginais em diferentes setores industriais e comerciais, pouco ativos, de mercado reduzido, ficando dessa forma fora dos processos mais dinâmicos da produção. Tais desníveis entre interior e Capital repercutem antes de tudo no contexto social, dando origem à marginalização da população que expulsa do campo pelas modificações ocorridas no sistema fundiário e de reprodução rural também não encontram, ao se urbanizarem, oportunidade de trabalho. (CEARÁ, 1989b, p. 5 e 6)

O programa de promoção industrial, especificadamente, estava voltado para identificação de novas oportunidades industriais e para atração de novos investimentos, pela garantia de incentivos financeiros e de infraestrutura, através dos seguintes projetos: Fundo de Desenvolvimento Industrial – FDI; distritos industriais; feiras e exposições; identificação de oportunidades industriais; perfis industriais; e compras governamentais.

Dentre esses projetos, destacava-se o fundo de desenvolvimento industrial – FDI, que dava sustentação ao financiamento para aquisição de áreas nos distritos industriais e financiava parte do capital de giro das novas empresas. Foi criado, segundo o governo do estado, com o objetivo de promover o desenvolvimento das atividades industriais no Ceará", oferecendo incentivos à implantação, relocalização e ampliação de empresas industriais consideradas de fundamental interesse para o desenvolvimento econômico do estado. Para concessão dos incentivos as empresas precisavam preencher pelo menos uma das seguintes condições: utilizar no seu processo de fabricação matérias-primas locais; contribuir para absorção intensiva de mão-de-obra; produzir bens sem similar no Estado; contribuir para a melhoria do perfil de exportação do Estado; e contribuir para substituir importações.

O FDI foi operado através do Programa de Incentivo ao Funcionamento de Empresas – PROVIN, principal incentivo ao desenvolvimento industrial. O seu objetivo visava realizar operações exclusivamente sob a forma de empréstimos, destinados à formação e/ou ampliação de capital de trabalho, e tinha como beneficiários as empresas industriais, que se enquadrassem nas condições mencionadas anteriormente, demonstrassem viabilidade econômico-financeira e atendessem, pelo menos, a um dos seguintes requisitos:

> Sejam indústrias novas e que tenham a primeira nota fiscal de venda emitida a menos de 189 dias contados da apresentação do pleito ao BEC [Banco do Estado do Ceará];
> Sejam indústrias relocalizadas e que tenhas a primeira nota fiscal de venda emitida a menos de 180 dias na nova localização, contados da apresentação do pleito ao BEC;
> Sejam indústrias existentes que, mediante projeto de ampliação previamente submetido ao BEC para análise, aumentem em pelo menos 50% sua capacidade instalada. (CEARÁ, 1989B, p. 20)

O documento discorria, ainda, sobre o valor dos empréstimos, prazo e amortização e encargos. Fixava o valor do empréstimo, ao equivalente de 72 parcelas mensais, correspondentes cada uma a 60% do ICMS, efetivamente recolhido dentro do prazo legal, para as empresas localizadas nos municípios integrantes da Região metropolitana de Fortaleza, e 75% do ICMS efetivamente recolhido dentro do prazo legal, para as empresas localizadas fora da região metropolitana. Já, no caso de ampliação, o valor do empréstimo era calculado levando em consideração a localização da empresa, como acima descrito, mas calculando exclusivamente sobre o adicional do ICMS, gerado em decorrência do diferencial da produção (produção que ultrapassar o nível original de capacidade instalada).

3.2. Plano Ceará Melhor: 1992 a 1995

A grande meta econômica do "Plano Ceará Melhor" consistia no apoio a ampliação da base produtiva, de modo a permitir o crescimento do PIB estadual a taxas médias superiores ao crescimento demográfico. De modo particular, objetivava direcionar as ações governamentais para incentivar o crescimento econômico o mais equilibrado possível, do ponto de vista da distribuição pessoal e espacial da renda e, ensejar a modernização e a competitividade das atividades econômicas estaduais.

O governador Ciro Gomes, deu continuidade ao ciclo de mudanças iniciado anteriormente, tendo como objetivo reforçar a estratégia de expansão industrial cearense. Continuou dando prioridade à interiorização das indústrias, além de ter afirmado novas estratégias, como a diversificação produtiva das empresas e a ampliação da captação de investimentos externos. Contou, para tanto, com capitais externos e recursos incentivados do Fundo Constitucional do Nordeste - FNE, o qual oferecia vantagens aos projetos voltados para a exploração do semiárido. No entanto, os incentivos fiscais via ICMS continuaram a ser o principal instrumento da "política industrial" do estado.

3.3. Plano de Desenvolvimento Sustentável: 1995-1998

O "Plano de Desenvolvimento Sustentável - 1995-1998", foi elaborado com a pretensão de "tornar o Ceará desenvolvido no prazo de uma geração." Ou seja, envolveria um horizonte de tempo até o ano de 2020. Este plano estava organizado em cinco "vetores" de intervenção, a partir dos quais foram definidos programas estruturantes ou prioritários: proteção do meio ambiente; reordenamento do espaço; capacitação da população; geração de emprego e desenvolvimento sustentável da economia; desenvolvimento da cultura, ciência, tecnologia e inovação.

As questões básicas descritas no Plano seguiram na mesma linha de análise dos planos anteriores. Resumidamente, as suas metas concentraram-se na interiorização da indústria; implantação de grandes projetos federais como refinaria, siderurgia, capacitação da mão-de-obra, por meio de treinamentos específicos; apoio tecnológico e financeiro às micro e pequenas empresas; e criação de uma infraestrutura adequada para implementar o seu plano estratégico de desenvolvimento sustentável. Tal plano estava fundamentado, também, na atração de investimentos privados e na desconcentração industrial do estado, como importantes instrumentos para amenizar a disparidade intraestadual existente. O programa de infraestrutura desse governo incluiu a construção de um novo porto, rodovias, aeroporto, metrô de superfície e outros empreendimentos públicos, como projetos de saneamento, transporte urbano, educação, saúde; dentre outros. Mas, o principal elemento da política de atração de investimentos continuou a ser a isenção do ICMS para empresas que estivessem dispostas a se implantarem no estado.

3.4. Consolidando o Novo Ceará: 1999 a 2002

O Plano de Governo do Estado do Ceará, para o período 1999-2002, consubstanciou-se nos fundamentos e princípios que nortearam a elaboração do Plano de

Desenvolvimento Sustentável - 1995-1998. Sob o *slogan* "Consolidando o Novo Ceará". Neste sentido, adotou e atualizou as premissas do Plano de Desenvolvimento Sustentável, dando continuidade à implementação dos programas ditos estruturantes e definiu programas e projetos complementares, numa proposta de desenvolvimento integrado. O plano teve como objetivo-síntese avançar no crescimento econômico com desenvolvimento social. Neste sentido, as ações do governo foram orientadas através de quatro grandes opções estratégicas:

> i) a capacitação da população para o desenvolvimento, envolvendo uma ampla ação de educação integrada à qualificação para o trabalho;
> ii) o avanço no crescimento econômico, a partir da dinamização da agricultura irrigada em base empresarial, da modernização da agricultura tradicional, da consolidação das indústrias de base e do polo exportador calçadista, bem como do fortalecimento do turismo e da indústria cultural e da maturação e integração dos projetos de infraestrutura econômica;
> iii) a melhoria na qualidade de vida, compreendendo a preservação do meio ambiente, o acesso e humanização dos serviços de saúde, o acesso à moradia, a ampliação dos serviços de saneamento básico, a prestação de assistência social, a melhoria na qualidade da segurança e defesa do cidadão e da justiça, o fortalecimento da estrutura urbana e potencialização dos valores culturais;
> iv) a oferta permanente de água e o convívio com o semiárido, que se traduz no aumento da oferta e

distribuição de água e redução da vulnerabilidade da população aos efeitos da seca. (CEARÁ, 1999b)

A eficiência do setor público era a principal tônica do Plano:

> "[...] adotaremos como prioridade o reposicionamento estratégico do planejamento governamental, a potencialização dos recursos humanos, o gerenciamento eficaz das finanças públicas, a modernização da infraestrutura tecnológica e a reformulação dos modelos de organização e gestão". (CEARÁ, 1999b)

A inovação deste plano com relação aos anteriores estava assentada na perspectiva de engajar nas suas ações os setores representativos da sociedade civil:

> [...] para implementá-lo, serão utilizados não apenas recursos públicos, mas também buscar-se-á reforçar as parcerias e intensificar a convocação do setor privado e das organizações da sociedade civil a integrarem os projetos, com recursos financeiros, tecnológicos, gerenciais, participação e motivação comunitária, para o alcance do grande sonho de construirmos o novo Ceará, próspero e desenvolvido, para todos os cearenses. (CEARÁ, 1999b)

Os princípios básicos do Plano estavam assentados na sustentabilidade ambiental, social, política e econômica, numa visão de longo prazo, com participação e parceria, descentralização e qualidade dos serviços públicos. O que tornaria possível enfrentar com sucesso os desafios da transformação do perfil socioeconômico do estado, da redução da pobreza do meio rural e da sua inserção numa economia globalizada.

No item "avançar no crescimento econômico", segundo o governo, o Ceará continuaria a basear o seu crescimento econômico nos seus principais ativos: condições naturais favoráveis para o turismo e agricultura irrigada; governo com reputação favorável aos negócios (*pro-business*), responsabilidade fiscal e administração eficaz; e localização estratégica quanto aos principais mercados consumidores mundiais, juntamente com uma infraestrutura básica, numa visão logisticamente estruturada.

Esta estratégia de governo orientava-se pela prioridade em setores nos quais o Ceará apresentasse vantagens comparativas, como a agricultura de alto valor agregado, o turismo e a indústria de transformação. Tendo em vista que em um ambiente cada vez mais competitivo, a implantação de indústrias de base podia favorecer mudanças na estrutura econômica do estado.

O objetivo do Programa de Atração de Investimentos passou a focar a consolidação da indústria de base para viabilização do Complexo Industrial-

Portuário do Pecém (Refinaria e Siderúrgica), e a atração de indústrias complementares das cadeias produtivas de ramos industriais de maior importância para o estado. Na área de promoção industrial e apoio ao desenvolvimento tecnológico, o governo colocava a necessidade da realização de investimentos estratégicos, como: construção do Centro de Exposição Ceará-Expotrade e da Cidade Tecnológica e; de mini distritos no interior, para incentivar pequenas atividades produtivas, como alternativa de geração de ocupação e renda em municípios sem estrutura para receber os investimentos industriais de maior expressão.

Segundo, ainda, este plano, a maturação dos investimentos privados já atraídos para o estado e a viabilização dos mega empreendimentos da indústria de base e dos projetos de agricultura de alto valor agregado, tornarão factível a ambiciosa meta de triplicar as exportações cearenses em quatro anos, prevista no programa especial de Exportação acordado entre o Estado e o Governo Federal.

Por fim, o planejamento das ações estratégicas dos setores econômicos e de infraestrutura obedeceriam, segundo o governo, uma lógica intersetorial, integradora da oferta hídrica com o solo agricultável, da urbanização, do crescimento industrial e do turismo. O que seria realizado pela integração das atividades econômicas, potencializando o desenvolvimento da agroindústria e a verticalização do parque industrial, com a consolidação, a médio e longo prazos, dos complexos industriais metalmecânico e petroquímico.

4. A "política industrial" do estado do Ceará: atração de empresas, geração de emprego e desconcentração industrial

Esse capítulo analisa os resultados da "política industrial" do Ceará, em termos da atração de empresas, geração de empregos e desconcentração industrial. De início, através de dados da Relação Anual de Informações Sociais – RAIS, referentes a estabelecimentos e trabalhadores da indústria extrativa e de transformação, foi realizada uma breve apreciação sobre a oportunidade de uma "política industrial" estadual. Para um melhor dimensionamento da importância do crescimento do número de estabelecimentos e geração de emprego em cada espaço estudado, utilizou-se também de dados do IPEAData, referentes aos PIB's total e industrial. Portanto, espera-se que com análise dessas três categorias seja possível demonstrar a importância assumida pela "política industrial" do Ceará no crescimento do seu produto, aumento do número de estabelecimentos industriais e geração de empregos, comparativamente aos demais estados do Nordeste. Para contextualização inicial da análise serão feitas algumas comparações em termos de grandes regiões do Brasil.

4.1. A oportunidade de uma "política industrial"

No espaço temporal coberto por esta pesquisa, 1987 a 2002, observou-se, no Brasil, uma relativa desconcentração da atividade econômica, medida em termos da participação das grandes regiões no PIB nacional, conforme pode ser observado na tabela 2. Nesse processo, a região Centro-Oeste obteve o melhor resultado, elevando em 2,4% a sua participação no PIB nacional (5,0% para 7,4%). As regiões Norte, Nordeste e Sul, aumentaram suas participações, porém de forma muito menor que a região Centro-Oeste, respectivamente, 0,6%, 0,4% e 0,4%.

Tabela 2: Participação por grande região no PIB nacional – 1987/2002

Ano/Região	CO	NO	NE	SU	SD	BR
1987	5,0	4,4	13,1	17,3	60,2	100
1988	5,0	4,4	12,8	17,5	60,3	100
1989	4,8	4,9	12,3	18,6	59,4	100
1990	5,2	4,9	12,9	18,2	58,8	100
1991	6,1	4,7	13,4	17,1	58,7	100
1992	5,7	4,3	12,9	18,3	58,8	100
1993	5,8	5,2	12,8	18,4	57,7	100
1994	6,1	5,1	12,9	18,7	57,3	100
1995	6,0	4,6	12,8	17,9	58,7	100
1996	6,1	4,6	13,2	18,0	58,1	100
1997	6,2	4,4	13,1	17,7	58,6	100
1998	6,8	4,5	13,1	17,5	58,2	100
1999	6,4	4,4	13,1	17,7	58,2	100
2000	7,0	4,6	13,1	17,6	57,8	100
2001	7,2	4,8	13,1	17,8	57,1	100
2002	7,4	5,0	13,5	17,7	56,3	100
Var. (%) 1987/2002	2,4	0,6	0,4	0,4	-3,9	-

Fonte: IPEAData - regiões - contas nacionais.

Na região Nordeste, especificamente, não se observou desconcentração entre os estados, ao longo do período. Sergipe e Alagoas, estados com baixa participação, não se beneficiaram do aumento da participação do Nordeste no PIB nacional. Pelo contrário, ambos registram redução da participação no PIB regional, respectivamente, -1,2% e -2,4%. O Ceará, por outro lado, foi o estado que mais aumentou a sua participação no PIB regional (2,2%), muito acima dos estados do Rio Grande do Norte, Paraíba, Piauí, Maranhão e Pernambuco, que registram aumentos relativos, respectivamente, de 0,9%, 1,3%, 0,9%, 1,1% e 1,6%. A Bahia, principal economia da região, registrou forte queda na participação do PIB regional, -4,5%.

Conclui-se, portanto, que possivelmente no Ceará, esse resultado bastante positivo esteja relacionado as reformas implantadas no governo e a continuidade destas, a política explicita de atração de investimentos, e a um projeto de desenvolvimento gestado ainda em meados dos anos 1980. No entanto, esse ciclo de crescimento positivo foi interrompido no final da década de 1990.

Entre, 1999 e 2001, apesar da economia brasileira e nordestina registrarem taxas positivas de crescimento do PIB, o Ceará registrou taxas negativas nestes três anos. Mas, se consideradas as taxas médias anuais de crescimento, o Ceará no período como um todo obteve a maior taxa 2,7%, contra 1,7% da Bahia, 2,2% de Pernambuco, 2,1% do Nordeste e 2,1% do Brasil.

Quando se considera a evolução da participação desses três estados no PIB industrial do Nordeste, o

Ceará apresentou a maior taxa média anual de crescimento, 2,8%, aumentando a sua participação, em 2,4%. Por outro lado, as duas mais importantes economias da região, Bahia e Pernambuco, apresentaram taxas médias de 1,7% e 0,8%, com o primeiro reduzindo a sua participação em -0,7% e o segundo em -5,6%.

Do Nordeste, apenas Ceará, Bahia e Pernambuco foram os estados que melhor se organizaram para atração de investimentos durante o período de maior intensidade da guerra fiscal. Os resultados são positivos para Ceará e relativamente positivos para Bahia, mas não para Pernambuco. Para este último, principalmente quando analisado da ótica de sua participação no PIB da indústria de transformação regional.

Na Bahia, havia um nível de infraestrutura bem mais robusto que no Ceará, o que favoreceu inclusive a sua participação na atração de investimentos de grande vulto, como foi o caso da Ford. Pernambuco, apesar de possuir uma base industrial relativamente diversificada e uma infraestrutura mais desenvolvida que o Ceará, demorou muito para organizar o seu governo para participar da guerra fiscal. O Ceará, por outro lado, pelas condições descritas anteriormente, apesar de possuir uma área de planejamento parcialmente desenvolvida, mas relativamente inoperante na década de 1980, teve de reconstruir ao mesmo tempo o estado (organização administrativa), formular uma "política industrial" e desenvolver infraestrutura compatível com os objetivos da mesma.

Para os demais estados do Nordeste que obtiveram aumento nas suas participações, acredita-se que tenha havido um "efeito demonstração" positivo, não só das políticas vitoriosas implementadas pelo Ceará[xxi] e Bahia, mas também pela forma como estes organizaram a sua máquina administrativa (sem um exercício de saneamento das suas finanças públicas dificilmente Ceará e Bahia conseguiriam atrair investimentos, da forma como ocorreu). No entanto, vale registrar que estes estados partiram de um nível de participação bastante reduzido em 1987, no qual qualquer crescimento já significava um grande aumento nessa participação.

4.2. Atração de empresas

Em termos de contexto histórico, é importante analisar, ainda, conforme dados da RAIS, o que aconteceu com a distribuição dos estabelecimentos[xxii] pelas grandes regiões do País, entre os anos de 1987 e 2002. Neste período surgiram 1,4 milhões de estabelecimentos no País, uma variação percentual de 131,7%. Todas as grandes regiões com exceção do Sudeste (109,1%), obtiveram taxas de variação superiores a registrada pelo País, destacando-se em primeiro lugar, Centro-Oeste (228,1%), e em segundo lugar, o Norte (209,9%). Nordeste e Sul apresentaram taxas respectivas de 173,3% e 137,1%. Houve no período relativa desconcentração do número de estabelecimentos no País.

É importante, mesmo que de forma incipiente, relacionar as variações nas participações de PIB's, por grandes regiões, e a participação relativa no total de estabelecimentos. De início, ambas as variáveis não apresentaram mudança entre as posições relativas das grandes regiões no período.

A região Centro-Oeste obteve o maior aumento da participação no PIB nacional e também o maior aumento na participação da quantidade de estabelecimentos, em relação ao País. A região Sul, obteve o segundo maior aumento na participação do PIB, mas alcançou apenas o quarto lugar no crescimento da sua participação quantidade total de estabelecimentos do País. Duas grandes regiões surpreenderam. Primeiro, o Nordeste que com o terceiro maior aumento na participação do PIB, ficou em segundo lugar no aumento na participação do número de estabelecimentos. Segundo, a região Norte, que apesar do quarto lugar na participação do PIB, obteve o terceiro lugar no crescimento do número de estabelecimentos. Por último, a região Sudeste apresentou uma queda mais que proporcional no número de estabelecimentos, em relação a sua participação no PIB nacional.

É surpreendente ainda observar que em termos proporcionais o aumento na participação dos estabelecimentos, em relação a participação no PIB, foi muito mais elevado no Nordeste do que em qualquer outra grande região. Supõe-se que as políticas de atração de investimentos tiveram importante papel nesse resultado, especialmente no Ceará e Bahia, pela agressividade de suas políticas e pelo peso econômico que possuem na região.

Bahia, Ceará e Rio Grande do Norte aparecem como os estados que mais se beneficiaram do aumento da participação do Nordeste na quantidade de estabelecimentos do Brasil, respectivamente, 1,5%, 0,9% e 1,1%. Os demais estados da região tiveram reduzida a sua participação, como são os casos de Pernambuco e Alagoas (-3,7% e -0,5%), aumentaram muito modestamente como demonstram Maranhão, Paraíba e Sergipe (0,3%, 0,3% e 0,1%), ou ainda, mantiveram a sua participação como foi o caso do Piauí.

Os resultados favoráveis dos estados de Ceará e Bahia, mais uma vez, devem estar relacionados as suas respectivas políticas de atração de investimentos. No caso, de Pernambuco houve um retardamento na implantação de uma política de atração de investimentos, como descrito anteriormente. Ou seja, o estado demorou muito para entrar na disputa por investimentos na guerra fiscal, o que em conjunto com ao fraco desempenho de um dos setores-chave desta economia (o setor açucareiro que entrou em fase de franca decadência), pode explicar sua perda de participação no PIB do Nordeste, e seu baixo crescimento na implantação de novos estabelecimentos. [xxiii] Nos demais estados que obtiveram aumento de participação, considera-se novamente importante, mas não determinante, o "efeito demonstração" proporcionado pelo Ceará e a Bahia.

Mais uma vez, no caso do Ceará, acredita-se que a política de atração de investimentos, tornada possível pela recuperação institucional da sua administração pública, repercutiu de forma decisiva no comportamento da variável estabelecimento. Comparando-se Bahia e Ceará, observa-se que o primeiro obteve êxito no aumento relativo da quantidade de estabelecimentos (1,5%), mas não no aumento na participação no PIB regional (-4,5%). O Ceará, por outro lado, aumentou tanto a participação na quantidade de estabelecimentos (0,9%) quanto a sua participação no PIB regional (2,2%).

Especificamente, em relação ao aumento na participação nos estabelecimentos da indústria extrativa mineral e de transformação, relacionadas diretamente com as políticas industriais estaduais, o resultado do Ceará foi surpreendente, (2,9%), muito acima dos outros estados da região. Piauí, Paraíba, Rio Grande do Norte e Sergipe, apresentaram variações positivas, mas modestas, entre 0,6% e 0,8%. Dos demais estados, quatro apresentaram redução nas suas participações, Maranhão

(-1,4%), Pernambuco (-3,3%), Alagoas (0,1%), e inclusive Bahia (-0,9%).

4.3. Geração de empregos

Entre 1987 e 2003, pelos dados da RAIS, foram gerados no Brasil 6,7 milhões de postos de trabalhos, distribuídos pelos 26 setores de atividade econômica, segundo o IBGE. Em termos de grandes regiões, destacou-se, novamente, o Centro-Oeste, com um aumento de sua participação, de 2,1%. A região Norte apareceu em segundo lugar, com um crescimento no emprego nacional, de 1,0%. Em seguida, aparecem as regiões Nordeste, com 0,8%, e Sul, com 0,4%. A região Sudeste apesar de registrar um crescimento, de 20,9%, na geração de postos de trabalho, apresentou um decréscimo na participação no emprego nacional de -4,3%. Houve, também, nesse período desconcentração do emprego no País, com aumento da participação de todas as grandes regiões. Registrando-se como movimento mais importante a aproximação da participação do Nordeste em relação a região Sul do País.

É interessante observar que os aumentos na participação no emprego do País guardam relação com o aumento da participação no PIB nacional por grandes regiões (exceto para o Centro-Oeste), mas não com o aumento na participação do número de estabelecimentos (exceto para a região Norte). Essa situação é diferenciada para o Nordeste que obteve um aumento na participação do trabalho nacional muito inferior ao aumento no número de estabelecimentos, o que sugere que tenha havido uma parcela significativa de investimentos nas indústrias dinâmicas.

Especificamente, no Nordeste, a situação entre os estados apresenta-se muito diferenciada da nacional. Aumentos na participação no PIB regional geraram aumentos menos que proporcionais na participação no emprego, e nos casos de Rio Grande do Norte e Pernambuco, até uma redução nessa participação. Por outro lado, a redução na participação no PIB regional, gerou aumento na participação do trabalho regional, como são os casos da Bahia e Sergipe. Foi muito diverso o comportamento das três maiores economias da região em relação as varáveis, participação no PIB, número de estabelecimentos e geração de postos de trabalho. Dos estados do Nordeste, somente o Ceará conseguiu obter aumentos na participação das três variáveis analisadas.

Mais uma vez, observa-se os resultados favoráveis dos estados da Bahia e do Ceará, e as mesmas conclusões da análise da evolução dos estabelecimentos podem ser colocadas para a participação no trabalho regional. Ou seja, as políticas implementadas no Ceará e Bahia repercutiram de forma positiva na geração de empregos. Pernambuco, como já destacado anteriormente, não conseguiu se organizar para participar das oportunidades desencadeadas pela guerra fiscal, desde seu início. Talvez, por conta até de sua difícil realidade econômica na época, registrando na maior parte do tempo taxas de crescimento do PIB menores que do Nordeste.

Em relação especificamente ao emprego na indústria extrativa e de transformação, os resultados são também favoráveis ao Ceará, em comparação com os demais estados do Nordeste. Apresentou o maior crescimento no número de empregos, 53,0%, e elevou a sua participação, em 7,5%. Os outros dois estados mais importantes da região, Bahia e Pernambuco, registraram redução da participação no emprego industrial de, respectivamente, -0,7% e -12,0%. Pernambuco, especificamente, enfrentou uma situação bastante difícil, tendo registrado redução no número de empregados em todos os setores da indústria extrativa e de transformação. Importante destacar, como será descrito no próximo item que essa redução na quantidade de empregos ocorrida em Pernambuco não tem relação direta com a guerra fiscal, mas sim com a própria situação econômica do estado. Os demais estados registraram aumento na participação do emprego relativamente modesta em comparação ao Ceará, variando de 0,1% no Maranhão, menor aumento, a 1,7% no Rio Grande do Norte. Por fim, o estado de Sergipe também registrou redução na sua participação de -0,3%.

Dentre os estados do Nordeste, somente o Ceará conseguiu elevar o emprego em todos os setores da indústria extrativa e de transformação, no período considerado. Esse resultado possivelmente deve se refletir por todos os vinte e seis setores econômicos de acordo com a classificação do IBGE, pelas possíveis externalidades positivas desencadeadas.

Comparando-se Ceará e Bahia, mais uma vez, observa-se que o aumento dos empregos gerados em relação aos novos estabelecimentos foi mais que proporcional para o primeiro. O Ceará com a implantação de 30.795 estabelecimentos, gerou 241.885 postos de trabalho, enquanto a Bahia implantou 63.892 estabelecimentos e gerou 389.913 postos de trabalho. Ou seja, uma proporção de 7,9 empregos por estabelecimento, para o Ceará, contra 6,1 empregos por estabelecimento para a Bahia. De qualquer forma esses números revelam também o tamanho da desproporção existente entre a primeira e a terceira economia do Nordeste.

Posto isto, revela-se também a complexidade que uma política de desenvolvimento regional deve ter para atender as particulares demandas de cada estado. As políticas regionais no Brasil foram sempre pensadas em termos de grandes regiões sem considerar suas especificidades internas. Estas políticas favoreceram o crescimento econômico, mas também provocaram aumento da desigualdade entre os estados de uma mesma região e essa situação apresenta-se bastante grave no Nordeste brasileiro.

O período que cobre esta pesquisa corresponde ao estabelecimento de uma nova matriz constitucional no

País, iniciada com a promulgação da Constituição de 1988, e que aumentou a autonomia dos estados para o estabelecimento de suas próprias políticas de desenvolvimento. Todavia, isso não significou, como observado, avanços significativos em termos de crescimento econômico e desconcentração produtiva, principalmente para estados mais pobres da região Nordeste. Portanto, é premente a necessidade de uma nova política de desenvolvimento regional no Brasil. Um país não pode desenvolver-se na desigualdade. Pelo contrário, níveis elevados de desigualdade inter e intrarregionais, dificultam a implantação de políticas de desenvolvimento econômico para país como um todo.

5. Análise dos resultados da "política industrial" do Ceará

Nesta seção será analisada a correspondência entre os resultados e objetivos da "política industrial" do Ceará ao longo dos governos das mudanças. Em primeiro lugar, serão descritos, de forma resumida, os objetivos e instrumentos de "política industrial" por período de governo. Em seguida, serão analisados os resultados em termos de três variáveis principais de análise: estabelecimentos por setor, emprego, e desconcentração da atividade produtiva. Estas três variáveis, por seu turno, refletem os principais objetivos da "política industrial" no período considerado.

5.1. Descrevendo objetivos e instrumentos

O Fundo de Desenvolvimento Industrial - FDI, principal instrumento da "política industrial" do Ceará esteve paralisado por dois períodos durante a década de 1980. Entre, setembro de 1982 e setembro de 1983, não houve aplicações de recursos, e entre 1986 e 1988, por determinação do governo estadual. No entanto, em maio de 1989, houve considerável reformulação desse sistema de incentivos, com a criação do Programa de Incentivo ao Desenvolvimento Industrial – PROVIN, dentro da nova proposta de desenvolvimento econômico do "governo das mudanças" instalado, em 1987. Pode-se dizer que o governo estadual soube neste momento aproveitar as possibilidades abertas pela Constituição de 1988, que passou a conceder maior autonomia aos estados da Federação, permitindo estabelecer incentivos mais amplos em suas políticas de atração de investimentos.

Inicialmente, como afirma Pontes (2003), a "política industrial" do Ceará possuiu um caráter horizontal por natureza, incentivando qualquer setor industrial que fosse implantado, ampliado ou relocalizado no estado.

Em 1993, no segundo governo das mudanças, ocorreu uma nova reformulação do FDI. Neste momento o desenvolvimento do estado para além da Região Metropolitana de Fortaleza – RMF, foi considerado como prioritário. A partir deste período, os municípios localizados fora da RMF, passaram a contar com incentivos maiores do que aqueles praticados até então. De forma que a "política industrial" desse governo passou a ter um caráter mais vertical, dando prioridade a determinados setores. O quadro 2, detalha as políticas horizontais e verticais para o período de 1992/1995.

> Ainda dentro da reformulação de 1993, foram redefinidas as indústrias consideradas como prioritárias por este instrumento: informática e controle inteligente de processos industriais, química fina, biotecnologia, microeletrônica e mecânica fina; industrialização de tunídeos e de pescados em geral; mineração (minerais metálicos e não metálicos, combustíveis minerais, minerais radioativos, extração e lapidação de pedras preciosas e semipreciosas e extração e beneficiamento de rochas ornamentais); cerâmica fina; agroindústria de exportação; eletroeletrônica; metalmecânica; veículos e outros materiais de transporte; têxtil (subsetores tecelagem e malharia); coureiro-calçadista, vestuários e afins; bens de capital, inclusive bens de informática; química; qualquer indústria pioneira no Estado; qualquer indústria que tenha participação de capital estrangeiro de no mínimo 10% (dez por cento) da parte de recursos próprios no investimento total. (PONTES, 2003, p. 93)

Quadro 2: Políticas verticais e horizontais do Plano Plurianual 1992-95

Políticas Horizontais:
• Promoção do Estado como destino de investimentos industriais através da elaboração de folders e seminários
• Implantação de mini distritos industriais destinados às MPE's
• Incentivo as MPE's através de infraestrutura de produção (galpões industriais, por exemplo)
• Promoção de infraestrutura e aperfeiçoamento dos mecanismos fiscais e financeiros de incentivo e apoio de novas unidades produtivas
Políticas Verticais:
• Incentivar o setor metalmecânico com o intuito de produzir autopeças
• Revitalizar grandes projetos junto ao Governo federal (siderurgia, refinaria, projeto Itatiaia e ZPE)
• Revitalizar as indústrias tradicionais do Estado que se encontravam declinantes
• Incentivar a agroindústria

Fonte: Pontes (2003).

Ainda nesse governo, a preocupação com a concentração econômica, em torno da RMF, motivou para que ocorresse, em 1995, nova alteração nos incentivos do FDI, dando maior ênfase à instalação de plantas industriais fora da RMF. Nessa nova versão, a referência era a distância do município com relação à RMF, sendo que, quanto mais distante o município, maiores seriam os benefícios concedidos.

No terceiro governo das mudanças (1995-1999), ganhou destaque duas grandes políticas de caráter horizontal, a de infraestrutura e a de educação tecnológica. Na primeira, foi enfatizada a necessidade de um novo porto para o Ceará, justificado pela necessidade de expansão da capacidade do sistema portuário, criando-se ao mesmo tempo a possibilidade de montar um complexo industrial-portuário, que teria especial importância na busca da concretização da instalação das tão almejadas refinaria e siderurgia.

No que se refere a educação, foram criados os Centro Vocacionais Tecnológicos - CVT's, e os Centros de Ensino Tecnológico -CENTEC's, que tinham por objetivo difundir a educação técnica pelo estado. Cerca de 40 CVT's foram implantados em diferentes municípios localizados fora da RMF. Por sua vez, os CENTEC's, foram instalados inicialmente em três grandes centros econômicos do Ceará: Sobral, Juazeiro do Norte e Limoeiro do Norte.

Ainda, em 1995, o Governo do Ceará lançou o Programa de Incentivos às Atividades Portuárias e Industriais – PROAPI. Programa específico de incentivo às exportações para as empresas calçadistas instaladas no estado. E, ainda, em outubro de 1996, no âmbito do FDI, foi criado o Programa de Desenvolvimento do Comércio

Internacional e das Atividades Portuárias do Ceará – PDCI, com o intuito de financiar empresas importadoras de produtos industriais e componentes não fabricados no Ceará, que fossem intensivas em mão-de-obra.

Por último, merece registro ainda neste governo, a ampliação da ideia dos mini-distritos industriais, para o conceito de polos industriais. Dessa forma, foram privilegiados os setores metalmecânico, calçadista, confeccionista e eletroeletrônico, a serem implantados em diferentes regiões do estado.

No ano de 2002, no quarto governo das mudanças, ocorreu nova alteração do FDI. Essa reformulação teve como propósito estimular a formação de *clusters* e cadeias produtivas no estado. O sistema de incentivos passou a priorizar a formação de aglomerados industriais através da identificação dos elos faltantes nas cadeias produtivas existentes em diferentes regiões do estado.[xxiv] As aglomerações estão identificadas no quadro 3 e os elos faltantes no quadro 4.

Quadro 3: Aglomerações identificadas

Clusters	Cidade
Têxtil	Pacajus
Calçados	Fortaleza, Aquiraz, Sobral, Itapajé, Canindé, Quixeramobim, Iguatu e Juazeiro do Norte
Couros e peles	Fortaleza, Sobral, Tauá e Juazeiro do Norte
Móveis	Bela Cruz, Caucaia, Morada Nova, Iguatu e Juazeiro do Norte
Eletro-eletrônica	Fortaleza e Caucaia
Metal-mecânico	Fortaleza, Iguatu e Crato

Fonte: Pontes (2003).

Quadro 4: Elos faltantes

Cadeia	Elos Faltantes
Coureiro-calçadista	Curtume de acabamento de couros, corte e costura de couro (*cutand-sewing*); aviamentos (linha, etiqueta, elástico, atacadores, velcro); componentes metálicos (fivelas, presilhas); placas *sinostec*; nylon estofado para alça, primer; resina; carbonato de cálcio; componentes plásticos; cadarços; forros especiais, *bidim* e cabedais sintéticos; etiquetas adesivas e bordadas, ferramentaria especializada, palmilhas; polietileno de baixa e de alta densidade, PVC recuperado e fita de *poliester*.
Móveis	Abrasivos; palhas sintéticas; tintas e vernizes; espumas para estofados; móveis hospitalares; componentes metálicos; tecidos para estofados e painéis de madeira.
Confecções	Linhas, botões e elásticos; aviamentos metálicos e plásticos; embalagens plásticas; máquinas de corte; máquinas de costura especializadas, etiquetas, lavagem e tingimento; bobinas, agulhas e pinças; componentes químicos.
Têxtil	Fibras naturais, artificiais e sintéticas; não-tecidos; tecidos planos finos; tecidos elásticos; lavagem e tingimento; peças de reposição para equipamentos; tubos e correias; passadores e placas eletrônicas.
Metalmecânica	Metalúrgicas; fundição e forjados; corte/estamparia; matrizes para moldes para injeção de plásticos, linha branca; autopeças; máquinas de costura especializadas; equipamento de corte; e containers.
Agroindústria	Equipamentos de irrigação; embalagens

	de vidro à vácuo, de polietileno e PET; instalações de irradiação; instalações de tratamento hidrotérmico; casas de vegetação (mudas, rosas, cultivos protegidos, secagem de frutas, desidratação); defensivos orgânicos; tratores e implementos (pulverizadores, plantadeiras mecânicas, grade mecânica); sementes e mudas; câmaras frias e de climatização (frutas e hortaliças); equipamentos para indústria de alimentos (de concentração, envase, extração, estufas, aço inox); e insumos para fabricação de alimentos, com aditivos (corantes, conservantes, espessantes).

Fonte: Pontes (2003).

Por último, fica patente o processo de aprendizado na área de "política industrial", por parte do governo do Ceará, ao longo do período, tanto em termos de visualização dos setores potenciais no estado, quanto do sistema de incentivos praticado, basta comparar os quadros 5 e 6. Não se esquecendo da formulação de novos mecanismos dentro do FDI, como a criação do PROAPI e o FDCI. Portanto, o governo do Ceará passou a dispor de três programas estruturados de atração de investimentos: o FDI-PROVIN; o FDI-PROAPI; e o FDI-FDCI. É importante destacar, ainda, que o FDI, possui um limite representado por um teto de 10% da receita do ICMS, fixado com a preocupação de não comprometer a saúde financeira do estado. [xxv]

Quadro 5: Incentivos no FDI-PROVIN – 1993

Distância quanto à RMF	Financiamento do ICMS	Prazo	Carência	Retorno	Correção e Juros
Implantação de ind. fora da RMF	75%	120	36	100%	30% IGP-M
Ind. pioneira fora da RMF	75%	120	36	100%	Sem correção
Implantação de ind. Na RMF	60%	72	36	100%	60% IGP-M
Relocalização no interior	80%*	120	36	100%	30% IGP-M
Ampliação de ind. no interior	75%**	120	36	100%	30% IGP-M
Ampliação de ind. na RMF	60%**	72	36	100%	60% IGP-M

Fonte: Pontes (2003).
* 70% a cargo do Estado e o restante do município.
** Sobre o que exceder a produção original.

Quadro 6: PROVIN/FDI 2002

Indús-tria	Fin. ICMS	Retorno	Carência (anos)	Prazo (anos)	Observação
Estruturantes	75%	10%	3	20	Somente para a região do Pecém
Coureiro-Calçadista	60%	10%	3	8	Mais de 80km do centro
				10	De 61 a 80km do centro
				13	De 31 a 60km do centro
				15	De Até 30km do centro
Móveis	60%	10%	3	8	Mais de 80km do centro
				10	De 61 a 80km do centro
				13	De 31 a 60km do centro
				15	De Até 30km do centro
Confecções	60% 39%	10% 10%	3	15	Fora da RMF
				10	Na RMF
Têxtil	60%	25%	3	10	Somente para RMF
Eletroeletrônico	60%	25%	3	8	Mais de 80km do centro
				10	De 61 a

				13	80km do centro
					De 31 a 60km do centro
				15	De Até 30km do centro
Metalmecânica	60%	25%	3	8	Mais de 80km do centro
				10	De 61 a 80km do centro
				13	De 31 a 60km do centro
				15	De Até 30km do centro
Base tecnológica e indústria de reciclagem	60%	25%	3	15	Localização Livre
Alimentos, bebidas e minerais não metálicos	60%	25%	3	10	Localização Livre
Agroindústria	60%	25%	3	10	Localizados nos agropolos

Fonte: Pontes (2003).
Obs.: Todos os retornos corrigidos pela TJLP

A questão do aprendizado dos governos na formulação, implementação e avaliação das políticas públicas foi analisa minuciosamente por Rocha (2004, p. 143). O autor constatou que:

> [...] as políticas industriais da Bahia, do Ceará e de Pernambuco vão além do simples uso de incentivos fiscais às empresas que desejam neles se instalar. Esses estados têm aperfeiçoado continuamente seus modelos de política de atração de indústrias originais, tentado incorporar aos mecanismos artificiais de incentivos fiscais outros tipos de medidas de política industrial. Eles têm promovido contínuos ajustes e frequentes reformas em suas políticas, revelando a existência de um importante aprendizado envolvido na implementação dessas políticas, que tem orientado suas evoluções no sentido de aumentar suas efetividades, aperfeiçoando-as e sofisticando-as ao longo de suas implementações.

E, conclui o referido autor (2004, p. 145): "[...] o sucesso ou fracasso das estratégias de desenvolvimento desses governos estão muito mais relacionados à sua capacidade de aprender do que, propriamente, à sua eficiência atual na execução dessas políticas ou do atual formato delas."

Esta capacidade de aprendizado está relacionada ao comportamento de cada estado em relação ao seu desenvolvimento industrial. Rodrigues (1998), esclarece que esse comportamento, que ela denomina de proativo, pode vir a desempenhar importante papel para o crescimento econômico brasileiro. Essa dimensão proativa, segundo a autora, tem sido paulatinamente reconhecida, principalmente no aspecto relativo à desconcentração regional. Porém, pela análise realizada acima, percebe-se que só está dimensão não é suficiente para a implementação de um processo sustentado de crescimento, principalmente quando outras condições, por exemplo infraestrutura, estão ausentes ou existem de forma muito precária no interior de vários espaços regionais.

Por fim, vale destacar que a evolução da "política industrial" do estado tem sido norteada pelo desejo expresso, através dos diferentes governos do Ceará, que inclusive antecede a iniciativa do primeiro governo das mudanças, de promover o desenvolvimento econômico nas suas diferentes regiões. Ou seja, apesar dos embates políticos e do uso da máquina administrativa para fins políticos eleitoreiros, a questão da industrialização do estado sempre esteve presente, desde a formulação do primeiro plano de governo. O objeto do próximo item será a avaliação dos resultados da "política industrial" no Ceará.

Em síntese, pode-se afirmar que o Ceará possui hoje um sistema de planejamento institucionalizado e com relativo grau de autonomia conferindo um caráter integrado e sistêmico de sua "política industrial". Articulando a atração de empresas em torno de uma política de exportações, de uma política de inovação e do fortalecimento da infraestrutura para sustentação do crescimento da atividade produtiva.

5.2. Correspondência entre estabelecimentos implantados e setores definidos pela "política industrial"

5.2.1. Setores beneficiados e origem dos investimentos

De início, alguns esclarecimentos de ordem metodológica e da limitação das estatísticas disponíveis para as empresas incentivadas pelo FDI-PROVIN se fazem necessários. Os trabalhos realizados sobre a "política industrial" do estado quase sempre cobrem vários períodos de governo. [xxvi] Entretanto, este procedimento impede que seja realizada uma análise da evolução a cada período de governo, de modo a relacionar as alterações no seu principal instrumento de "política industrial", o FDI, aos resultados alcançados. Nesse livro, a análise foi realizada governo a governo, espera-se assim conseguir uma maior transparência da eficácia e eficiência dessa política. Isto porque, foi observado que há uma "dupla contagem" nas estatísticas de governo quanto as empresas incentivadas por período de governo. A justificava do estado pode estar relacionada ao fato de que essas empresas, por possuírem um período longo de recebimentos de incentivos fiscais, 10 a 15 anos, continuem presentes nas estatísticas dos governos subsequentes. No entanto, como o interesse aqui está em analisar novos investimentos período a período, foi necessário desfazer essa "dupla contagem".

Em termos das estatísticas disponíveis e relevantes para esta pesquisa, existe uma limitação quanto ao período que cobre os dois últimos anos do primeiro "governo das mudanças" (1989 e 1990), e o segundo "governo das mudanças" como um todo (1991 a 1994). As poucas informações referentes a esse período estão relacionadas ao município onde a empresa incentivada foi implantada, ampliada ou sofreu mudança de localização (sem distinção, entre essas três modalidades), ao setor industrial, ao ano do evento e a origem do investimento. Para os governos seguintes, de 1995 a 1998 e de 1999 a 2002, há mais informações disponíveis. Além das descritas anteriormente, duas outras são relevantes e referem-se aos investimentos realizados por cada empresa incentivada e aos empregos diretos e indiretos gerados. Uma informação que seria importante para a análise refere-se a questão da implantação, ampliação ou relocalização. Entretanto, esta informação não está disponível. Seria interessante porque são as implantações que realmente interessam para a ampliação da base industrial. No entanto, através da comparação das estatísticas fornecidas pelo estado com as fornecidas pela RAIS, será possível observar a evolução dos estabelecimentos por indústrias de modo a conhecer se houve de forma concreta aumento do número de estabelecimentos por cada período de governo ao invés de somente ampliação ou relocalização.

5.2.1.1. Período de 1989 a 1994

O primeiro governo das mudanças foi instaurado em 1987, no entanto a reformulação do FDI ocorreu dois anos depois, em 1989. Até o ano de 1994, as informações a respeito das empresas incentivadas por este instrumento são bastante incompletas. Somente se dispondo das seguintes variáveis: município de instalação, origem do investimento, setor de atividade e razão social da empresa. Informações que foram cedidas pela Secretaria de Desenvolvimento Econômico – SDE, do estado. Portanto, a análise para este período fica, em certa medida, comprometida para comparação com os períodos posteriores pela indisponibilidade dos dados. [xxvii]

Este período cobre dois mandatos dos "governos das mudanças", dois anos de governo, 1987 a 1990, e os quatro anos de governo entre 1991 e 2004. Neles foram implantadas, ampliadas ou relocalizadas com recursos do FDI, cerca de 56 empresas. No primeiro governo, que cobre apenas os anos de 1989 e 1990, foram contempladas 15 empresas e as outras 47, ocorreram no governo seguinte.

No segundo "governo das mudanças" (1991-1994), já se encontravam recuperadas às condições de credibilidade do governo. Relacionadas a eficiência gerencial das finanças públicas, a divulgação externa da imagem de um governo responsável fiscalmente, bem como de sua responsabilidade para com o investimento produtivo. Imagem que foi amplamente divulgada pelo país e exterior. A divulgação maciça dessa imagem tinha como objetivo oferecer, num país que apresentava no período condições adversas a economia como um todo, um mínimo de segurança e benefícios fiscais, no intuito de atrair capital produtivo para o estado.

Nestes seis anos, as empresas implantadas, ampliadas ou relocalizas foram distribuídas por 13 setores da indústria extrativa e de transformação. Destaque para os investimentos relacionados as indústrias, têxtil (19,6%), produtos químico e farmacêutico (14,3%) e confecções, vestuário e acessórios (14,3%). As participações das demais indústrias no total das empresas incentivadas estão contempladas na tabela 3.

Tabela 3: Participação dos setores
industriais no FDI – 1989/1994

Setores	Participação (%)
Alimentos e Bebidas	8,9
Calçados e Couros	8,9
Confecção, Vestuário e Acessórios	14,3
Equipamento Médico, Precisão, Autom. Industrial	1,8
Máquinas e Equipamentos	5,4
Máquinas. Aparelho e Material Elétrico	1,8
Material Eletrônico e Comunicação	1,8
Mineral - Não Metálicos	8,9
Móvel e Indústrias Diversas	1,8
Plástico e Borrachas	5,4
Produtos de Papel e Papelão	5,4
Produtos Químico e Farmacêutico	14,3
Têxtil	19,6
Veículo Automotor	1,8
Total	100

Fonte: Dados SDE, elaboração do autor.

Outro aspecto relevante dessa análise está relacionado com a origem dos investimentos. A maior parcela das empresas incentivas neste período foi do próprio estado (62,5%). Das regiões mais desenvolvidas do País foram atraídas 8,9%, de São Paulo, e 12,5% do Rio Grande do Sul. [xxviii] De todo o Nordeste foram atraídas empresas somente do Rio Grande do Norte, 1,8% e de Pernambuco, 1,8%. O dado mais revelador foi a atração de empresas do exterior, que em conjunto somaram 12,6% do total das empresas: 5,4% dos E.U.A; 5,4% da Coréia e; 1,8% do Japão. Principalmente, quando se constata que 57,1% das empresas que vieram do exterior eram da indústria dinâmica.

Confrontou-se, então, o número de empresas incentivadas com o número de estabelecimentos (RAIS) da indústria extrativa e de transformação implantados no Ceará, entre 1989 e 1994. Observou-se que do total de estabelecimentos implantados, 624, estima-se que cerca de 9,0% destes receberam incentivos. Existirá alguma relação entre as indústrias que mais aumentaram o número de estabelecimentos e as empresas beneficiadas pelo FDI? A resposta é afirmativa. A indústria de minerais não metálicos registrou o maior aumento do número de estabelecimentos, 69,8%, e foram contempladas 8,9% das empresas no período. A maior correspondência foi observada no ramo têxtil, confecções e artefatos de tecido. Neste, foi registrado o segundo maior aumento no número de estabelecimentos, 33,9%, e maior parcela das empresas incentivadas, 42,9%, no total destas. A indústria química de produtos farmacêuticos registrou o quinto maior crescimento do número de estabelecimentos e foi a terceira em número de empresas incentivadas. De forma geral, os setores que mais aumentaram o número de estabelecimentos estão relacionados as empresas incentivadas no período: Têxtil, confecções e artefatos de tecidos; indústria de produtos químicos farmacêuticos; minerais não metálicos e; metalúrgica e mecânica.

O resultado das indústrias de calçados e de material elétrico são especialmente favoráveis à "política industrial" implementada. Pelos números da RAIS, estas indústrias apresentaram uma redução do número de estabelecimentos de respectivamente de, 14,7% e 7,9%. No entanto, correspondem em conjunto a 12,5% das empresas incentivadas. Nesse sentido, a "política industrial" pode ter contribuído para amenizar a redução do número de estabelecimentos nessas duas indústrias.

Duas conclusões são evidentes desse período como um todo. Primeiro, uma grande parcela das empresas que obtiveram benefícios fiscais são do próprio estado. Como os recursos do FDI beneficiam além da implantação de novos empreendimentos, ampliação ou relocalização, torna-se difícil afirmar se o FDI contribuiu para o aumento da atividade industrial do estado. No entanto, os números da RAIS permitem afirmar que houve um amento significativo do número de estabelecimentos industriais na economia cearense.

Em segundo lugar, observa-se que os setores mais beneficiados guardam relação com a tradição econômica do estado. Ou seja, são setores classificados como tradicionais. Não que a consolidação das indústrias tradicionais no estado não seja importante. No entanto, são as indústrias dinâmicas que apresentam significativa geração de externalidades que poderiam, no limite, beneficiar diversas indústrias de setores tradicionais.

Conclui-se, por estes números, que a "política industrial" do Ceará em seus primeiros passos foi eficiente.

5.2.1.2. Período de 1995 a 1998

Entre 1995 e 1998, foram beneficiadas pelo FDI, segundo a SDE, um total de 216 empresas distribuídas por 18 ramos da indústria extrativa e de transformação, um aumento de 385,7%, em relação ao período de 1989 a 1994. [xxix] O que dá uma ideia do sucesso dessa política, pelo menos em termos da atração de estabelecimentos.

Uma quantidade maior também de ramos industriais foi beneficiada, incluindo as indústrias dinâmicas, com 39,8% do total de estabelecimentos incentivados. De qualquer forma, as indústrias que obtiveram uma maior quantidade de empresas incentivadas estão no setor tradicional, sendo os maiores percentuais observados nas indústrias de calçados (15,3%), alimentos (17,2%) e têxtil e vestuário (18,9%). A tabela 4, fornece o restante da distribuição das empresas por ramo industrial, conforme classificação do governo estadual.

Tabela 4: Distribuição das indústrias incentivadas no Ceará – 1995/1998

Cod.	Indústria	(%)
00	Ind. de extração mineral	0,5
10	Ind. de produtos de mineração não metálicos*	6,5
12	Ind. metal, mecânica*	9,3
13	Ind. de material elétrico, eletrônico e de comunicação*	5,1
16	Ind. de madeira e mobiliário	5,1
17	Ind. de papel, papelão, celulose e borracha*	4,2
19	Ind. de couro, peles e assemelhados	0,9
20	Ind. química, produtos farmacêuticos e veterinária*	6,5
23	Ind. de produtos de materiais plásticos*	6,0
24	Ind. Têxtil	8,3
25	Ind. de vestuário, artefatos e tecidos de viagem	10,6
26	Ind. de produtos alimentares (agroindustrial)	14,4
27	Ind. de produtos de bebidas (agroindustrial)	2,8
29	Ind. editorial e gráfica	0,5
30	Ind. Diversas	2,8
31	Ind. de calçados, componentes e afins	15,3
35	Ind. geradora de energia eólica**	0,5
36	Ind. geradora de energia elétrica**	0,9
	Total	100

Fonte: Dados SDE, elaboração do autor.

A eficiência da "política industrial" do Ceará pode ser constata no confronto dos setores beneficiados pelo FDI com as indústrias que mais aumentaram o número de estabelecimentos na indústria extrativa e de transformação, segundo a RAIS, entre 1995 e 1998.

Percebe-se, de modo geral, que há uma correlação positiva entre as indústrias incentivadas e as indústrias que registraram maior crescimento no número de estabelecimentos no estado. Ou seja, apesar de existirem diferenças no posicionamento da ordem de maior crescimento de estabelecimentos e da ordem das empresas que mais receberam incentivos, há uma correspondência positiva entre ambas as variáveis. Por exemplo, a indústria de calçados obteve o maior aumento no número de estabelecimentos no período, 316,5%, e registrou o terceiro maior percentual entre o total das empresas incentivadas, 15,3%. A indústria têxtil e do vestuário que aumentaram, em 179,9%, o número de estabelecimentos (4º lugar na ordem de crescimento), registrou a maior parcela de empresas incentivadas (19,0%).

Até indústrias que registraram menor parcela de empresas incentivadas, como a indústria de madeira e mobiliário, 5,1%, registraram enorme aumento do número de estabelecimentos, 258,3%. Estes resultados sugerem, além da eficiência na atração de investimentos, *ceteris paribus*, a possibilidade de externalidades positivas da "política industrial". No sentido de que apesar do número de empresas incentivadas represente uma parcela pequena da estatística captada pela RAIS, 2,8%, do número de estabelecimentos instalados na indústria extrativa mineral e de transformação, o aumento do número desses estabelecimentos no estado foi surpreendente quando comparado ao Nordeste como um todo.

A análise da origem dos investimentos contribui para desfazer um mito gerado em torno da guerra fiscal no Brasil. Mito denominado de jogo de soma zero, principalmente entre os próprios estados da região Nordeste. Pelo exposto até o momento, percebe-se que o estado do Ceará praticou uma política agressiva de atração de investimentos, expresso tanto no valor dos empréstimos de parcelas do ICMS, como de outras tantas vantagens que vão desde a doação do terreno, até a formação de mão-de-obra para a indústria. Quando se observa a origem das empresas e dos investimentos que foram atraídos para o estado, surpreende que, 59,7%, delas e que, 34,8%, do total dos investimentos, sejam de origem do próprio estado. Ou seja, a oferta de incentivos, por maior que fosse, não representou o atrativo mais importante para o capital, quando as condições apresentadas por outros estados eram muito diferenciadas, como no caso do Brasil. Não se pode esperar que haja desindustrialização da região sudeste porque determinados estados do Nordeste oferecem incentivos. Nem se pode, do mesmo modo, esperar que um estado pobre, porque ofereça incentivos, atraia necessariamente capitais de outros estados pobres, que não tenham uma política de incentivos ainda estruturada. É preciso que se considere nesses casos as questões de *lock-in* e de dependência de trajetória dos capitais, que agem como elemento sustentação de determinadas atividades em certos lugares. Os dados abaixo esclarecem o problema.

Os investimentos atraídos pelo Ceará vieram basicamente da região Sul e Sudeste, principalmente das cidades de São Paulo (35,0%) e Rio Grande do Sul (13,8%), como pode ser verificado na tabela 5. O que contribuiu de certa forma para desconcentração da atividade industrial do País.

Tabela 5: Origem das empresas incentivadas e investimentos para o estado do Ceará – 1995/1998

Origem	(%) de empresas	(%) de investimentos
Ceará	**59,7**	**34,8**
Bahia	0,5	0,51
Paraíba	0,5	0,01
Pernambuco	1,4	1,6
Nordeste	**62,0**	**36,9**
Região Norte (Pará)	**0,5**	**0,8**
Minas Gerais	0,9	4,7
Rio de Janeiro	0,9	0,8
São Paulo	14,4	35,0
Região Sudeste	**16,2**	**40,5**
Paraná	0,5	0,1
R. G. do Sul	11,1	11,3
Santa Catarina	0,9	1,3
Região Sul	**12,5**	**12,7**
Alemanha	1,9	2,6
Argentina	0,5	0,1
Canadá	0,5	0,4
Coréia	0,5	0,1
França	0,5	0,5
Itália	2,8	1,4
Japão	0,5	0,5
Estados Unidos	1,9	3,4
Exterior	**8,8**	**9,0**
Total	100,0	100,0

Fonte: Dados SDE, elaboração do autor.

De São Paulo vieram investimentos nas indústrias de vestuário (23,3% das empresas de São Paulo), metalmecânica e têxtil (13,3% das empresas de cada indústria), produtos e materiais plásticos (6,7%). Em menor proporção, 3,3%, cada, vieram as indústrias de material elétrico, madeira e mobiliário, papel e papelão, celulose e borracha, química e produtos farmacêuticos, produtos alimentares, bebidas e indústrias, que a SDE classificou como diversas. Das indústrias que vieram do Rio Grande do Sul, 66,7%, correspondem a empresas de calçados, 8,3%, papel, papelão, celulose e borracha, 8,3%, química, farmacêutica e, 4,2%, metalmecânica, material elétrico, madeira e mobiliário e produtos de materiais plásticos (cada uma).

Se os resultados da guerra fiscal previstos pelos críticos das políticas estaduais de incentivo à atração de indústrias se concretizassem, não seria possível observar que com tantos incentivos, e sendo o primeiro dos estados do Nordeste a dispor de condições fiscais e de planejamento para uma política agressiva de atração de investimentos, o Ceará tenha atraído dos outros estados do Nordeste apenas, 5,7%, do total das empresas incentivadas: uma da Bahia, uma da Paraíba e três de Pernambuco. Essas representaram apenas 2,1% dos investimentos totais. E de modo geral, sendo o Ceará um estado pobre, relativamente ao Pernambuco e a Bahia, o mesmo não poderia obter resultados positivos.

Outro dado relevante, refere-se a origem de investimentos do exterior. Estes contribuíram com 9,0% do total de investimentos. Os E.U.A, com 3,4%, Alemanha 2,6% e Itália 1,4%. Argentina, Canadá, Coréia e Japão também contribuíram com investimentos neste período, como mostra a tabela 5.

Portanto, pode-se concluir com relação a atração de indústrias, a origem dessas e seus respectivos investimentos, os seguintes pontos:

1) A "política industrial" do Ceará foi eficiente para consolidação da sua indústria tradicional e criou um ambiente propício para as indústrias dinâmicas;

2) gerou de modo indireto incentivos para a sua própria indústria; e

3) favoreceu, em certo sentido, a desconcentração industrial do País, não comprometeu a indústria dos estados da região e, ainda, atraiu parcela considerável de investimentos externos.

5.2.1.3. Período de 1999 a 2002

Descontando a dupla contagem, nesse governo foram beneficiadas com incentivos fiscais, 303 empresas, um aumento de 40,3%, do número de empresas incentivadas em relação governo anterior. Conforme a distribuição das indústrias pela SDE, foram incentivadas empresas distribuídas por 20 diferentes setores. A indústria de produtos alimentares participou com o maior número, 20,6%. Seguida pela indústria têxtil e vestuário, 16,9%, calçados, 10,9%, metalmecânica, 10,9%, e química e produtos farmacêuticos, 6,9%. As demais indústrias estão relacionadas na tabela 6.

Tabela 6: Distribuição das indústrias incentivadas no Ceará – 1995/1998

Código	Indústria	(%)
00 -	Ind. de extração mineral	1,3
10 -	Ind. de produtos de mineração não metálicos*	4,3
12 -	Ind. metal, mecânica*	10,9
13 -	Ind. de material elétrico, eletrônico e de comunicação*	3,6
16 -	Ind. de madeira e mobiliário	4,3
17 -	Ind. de papel, papelão, celulose e borracha*	2,3
19 -	Ind. de couro, peles e assemelhados	1,0
20 -	Ind. química, produtos farmacêuticos e veterinária*	6,6
22 -	Refino do petróleo e destilação de álcool	1,7
23 -	Ind. de produtos de materiais plásticos*	4,3
24 -	Ind. Têxtil	6,3
25 -	Ind. de vestuário, artefatos e tecidos de viagem	10,6
26 -	Ind. de produtos alimentares (agroindustrial)	18,9
27 -	Ind. de produtos de bebidas (agroindustrial)	1,7
29 -	Ind. editorial e gráfica	1,7
30 -	Ind. Diversas	4,6
31 -	Ind. de calçados, componentes e afins	10,9
35 -	Ind. geradora de energia eólica**	1,3
36 -	Ind. geradora de energia elétrica**	3,6
	Total	100

Fonte: Dados SDE, elaboração do autor.
* Indústrias dinâmicas. ** Inseridas na indústria de transformação para fins de análise.

Segundo dados da RAIS, nesse período de governo, em relação ao número de estabelecimentos da indústria extrativa e de transformação, a situação do Ceará, quando comparada a do Nordeste, apresenta-se bastante favorável. O primeiro, aumentou o número de estabelecimentos, em 16,8%, e o segundo, em 11,2%. A indústria que mais aumentou o número de estabelecimentos, classificada como dinâmica, foi a mecânica em 35,6%. Dos treze setores da indústria extrativa e de transformação, o Ceará registrou aumento maior que o Nordeste em nove setores, como mostra a tabela 7.

Tabela 7: Crescimento do número de estabelecimentos da indústria extrativa e de transformação no Ceará e Nordeste – 1999 a 2002

Indústria	Var CE (%)	Var NE (%)
Extrativa mineral	27,5	19,9
Indústria de produtos minerais não metálicos	9,7	17,6
Indústria metalúrgica	19,3	18,2
Indústria mecânica	35,6	48,8
Indústria do material elétrico e de comunicações	20,0	32,3
Indústria do material de transporte	18,3	7,2
Indústria da madeira e do mobiliário	15,9	4,0
Indústria do papel, papelão, editorial e gráfica	12,7	15,1
Ind. da borracha, fumo, couros, peles, similares, ind. Diversas	13,1	8,1
Ind. química de produtos farmacêuticos, veterinários, perfumaria	17,9	17,3
Indústria têxtil do vestuário e artefatos de tecidos	23,2	17,9
Indústria de calçados	15,9	13,1
Indústria de produtos alimentícios, bebidas e álcool etílico	9,8	2,1
Total	16,8	11,2

Fonte: RAIS

Ainda, segundo dados da RAIS, entre 1999 e 2002, surgiram 943 novos estabelecimentos industriais no Ceará. Grosso modo, isso significa que 32,0% destes são de empresas incentivadas. Um percentual bastante significativo quando comparado com o período anterior.

O que sugere que a "política industrial" do estado pode ter contribuído para essa situação mais favorável do Ceará frente ao Nordeste.

Apesar da representatividade das empresas incentivadas no crescimento do número de estabelecimentos registrado pela RAIS, para esse período, não se observou uma correlação positiva entre as duas variáveis. Somente houve alguma correspondência entre crescimento do número de estabelecimentos (RAIS) e o aumento das empresas incentivadas na indústria têxtil e do vestuário, e mecânica. Para a primeira, o crescimento no número de estabelecimentos, segundo a RAIS, foi de 23,2% (3º maior crescimento), e a sua participação no total das empresas incentivadas, foi de 16,0% (2ª maior participação). Na segunda, respectivamente, 35,6% (maior crescimento) e 10,9% (3a maior participação). Não existe correspondência entre as outras 11 indústrias analisadas.

As seis indústrias que registram maior crescimento, segundo a RAIS, foram: mecânica, 35,6%; extrativa mineral, 27,5%; têxtil e do vestuário, 23,2%; material elétrico e de comunicação, 20,0%; metalúrgica, 19,3% e; material de transporte, 18,3%. As indústrias que apresentaram as seis maiores participações nas indústrias incentivadas foram: produtos alimentícios e bebidas, 20,5%; têxtil e do vestuário, 16,9%; calçados, 10,9%; mecânica, 10,9%; química e produtos farmacêuticos, 6,6% e; borracha, fumos, couros e peles, 5,6%. Essa não correspondência, entre os números da RAIS e das empresas incentivadas, talvez esteja relacionada ao pequeno crescimento do número de estabelecimentos registrados pela RAIS no período. Por outro lado, sugere a importância da "política industrial" em sustentar o crescimento de indústrias que sem os incentivos talvez não se estabelecessem.

Novamente, constata-se que a maior parcela das empresas incentivadas são se origem do próprio estado, 62,3%. Entretanto, a participação dessas empresas no investimento total é relativamente pequena, 11,6%, o que sugere que sejam de pequeno porte. Do Nordeste, foi atraída apenas uma empresa do Rio Grande do Norte, com participação ínfima nos investimentos, 0,1%. Nesse período, vieram menos indústrias das regiões Sudeste, 18,2%, e Sul, 9,9%. No entanto, as suas respectivas participações no total de investimentos foram significativas, 7,5% e 21,5%, como pode ser verificado na tabela 8. A maior conquista da "política industrial" desse período parece estar relacionada a origem das empresas e aos respectivos investimentos que vieram do exterior.

Tabela 8: Origem das empresas incentivadas e
investimentos para o estado do Ceará – 1995/1998

Origem	(%) de empresas	(%) de investimentos
Ceará	**62,3**	**11,6**
R. G. do Norte	0,3	0,1
Região Nordeste	**62,6**	**11,7**
Espírito Santo	0,7	0,1
Minas Gerais	1,0	0,9
Rio de Janeiro	5,0	0,0
São Paulo	11,6	6,4
Região Sudeste	**18,2**	**7,5**
Paraná	1,7	20,7
R. G. do Sul	7,6	0,8
Santa Catarina	0,7	0,0
Região Sul	**9,9**	**21,5**
Alemanha	2,3	4,3
Bélgica	0,3	0,0
Chile	0,3	1,2
Coréia	0,7	0,2
Espanha	0,3	4,6
França	0,7	0,2
Itália	1,3	4,3
Portugal	1,3	0,2
Uruguai	0,3	0,0
Estados Unidos	1,7	44,3
Exterior	**9,3**	**59,3**
Total	100	100

Fonte: Dados SDE, elaboração do autor.

Da região Sudeste vieram empresas da indústria de metal mecânica, vestuário, calçados, extração mineral, papel, papelão, celulose e borracha, química e produtos farmacêuticos, refino de petróleo e destilação de álcool, vestuário, geradora de energia elétrica, madeira e mobiliário, materiais plásticos, têxtil, produtos alimentares, indústrias diversas. Da região Sul, metal mecânica, madeira e mobiliário, vestuário, produtos alimentares, indústrias diversas, minerais não metálicos, materiais plásticos, calçados, componentes e afins. Ou seja, são empresas de setores dinâmicos e tradicionais que contribuem para adensar a base industrial do estado.

Fato relevante foi que houve continuidade do fluxo dos investimentos externos. Vieram empresas do Chile, 0,3%, Uruguai, 0,3%, Alemanha, 2,3%, Bélgica, 0,3%, França, 0,7%, Espanha, 0,3%, Itália, 1,3%, Portugal, 1,3%, Coréia, 0,7% e E.U.A, 1,7%. Estas contribuíram com uma parcela significativa dos investimentos totais 59,3%, sendo os E.U.A, o maior investidor, com 44,3% do total.

Das empresas que vieram da Alemanha, 57,1%, são da indústria mecânica, material elétrico, têxtil e vestuário, participaram cada uma com 14,3% do total das empresas incentivadas. Da Coréia vieram, uma empresa da indústria química e produtos farmacêuticos, e uma da indústria de vestuário. Da França, uma empresa da indústria de vestuário e outra de bebidas. Da Itália, duas da indústria de minerais não metálicos, uma de metal mecânica e outra de couro, pele e assemelhados. De Portugal, duas da indústria têxtil e uma de bebidas. Do Uruguai, uma de metal mecânica. Dos E.U.A, uma da indústria metal mecânica, uma de material elétrico, uma de química e produtos farmacêuticos, uma de refino de petróleo e destilação de álcool, e uma de materiais plásticos. Da Bélgica, uma de produtos de bebidas.

As mesmas conclusões do período anterior, relativo aos anos, entre 1995 e 1998, se aplicam a este período. Destacando-se a importante contribuição do governo do Ceará na atração de investimentos de outros países.

5.2.2. Êxito na geração de empregos
5.2.2.1. Período de 1989 a 1994

A única associação que se pode fazer em relação a geração de empregos no período de 1989 a 1994, refere-se a correspondência entre os setores que tiveram maior número de empresas incentivadas, fonte SDE, e os setores que registram maior aumento no número de empregos, fonte RAIS.

De forma geral, entre 1989 e 1994, houve uma redução do número de empregos nas indústrias extrativas e de transformação, da ordem de 1.334 postos de trabalho. Somente cinco indústrias registraram aumento no emprego. Foram elas, extrativa mineral (49,6%), calçados (313,4%), material elétrico (83,0%), mecânica (9,9%) e de produtos alimentícios (5,6%). Destas, a indústria extrativa não teve nenhuma empresa contemplada com incentivos no período. As indústrias de calçados e produtos alimentícios ficaram em quarto lugar no maior número de empresas incentivadas, ambas com 8,9%. Material elétrico teve apenas, 3,6%, das empresas incentivadas. Máquinas e equipamentos, relacionadas com a indústria mecânica, participou com 7,1% das empresas incentivadas.

Entretanto, das 13 indústrias que tiveram empresas incentivadas, sete registram queda no número de empregos. Desse período, com relação a correspondência entre empresas incentivadas e geração de emprego, nenhuma conclusão mais abrangente pode ser retirada. Primeiro, porque foi um período de queda generalizada do emprego, segundo porque houve tanto aumento do emprego como redução do mesmo nas indústrias que tiveram empresas incentivadas.

Na verdade, a redução de 1,2% nos empregos do Ceará terminou sendo um resultado positivo quando comparada à queda no emprego do Nordeste, que foi da ordem de 21,5%, entre 1989 e 1994. Ou seja, de qualquer forma houve uma redução mínima do emprego quando comparado ao Nordeste como um todo, tendo contribuído de forma significativa para este resultado o setor de calçados, que foi grande gerador de empregos no período, tendo registrado um aumento no emprego de 313,4%. Este setor, que participava, em 1989, com 1,1%, da geração de empregos no estado, apenas cinco anos depois já contribuía com 4,8% de todo emprego da indústria extrativa e de transformação, apesar de ter uma redução do número de estabelecimentos de 14,9%.

5.2.2.2. Período de 1995 a 1998

Para esse período, há uma informação adicional da SDE, a quantidade de empregos diretos e indiretos gerados por empresa. No entanto, é curiosa a fórmula de determinação dos empregos indiretos. A SDE estima que para cada emprego direto sejam gerados quatro empregos indiretos. Para um melhor dimensionamento da questão serão comparados os dados da SDE com os dados da RAIS, para este período.

Entre 1995 e 1998, pelos dados da RAIS, a situação do Ceará, em relação ao Nordeste, foi bastante favorável, quanto a geração de empregos. Enquanto houve queda de 1,9% no Nordeste, o Ceará registrou um aumento de 17,0%, nos postos de trabalho. Dentro do Ceará, cinco indústrias registraram extraordinário crescimento no número de empregos: calçados (219,3%); mecânica (88,7%); minerais não metálicos (75,8%); material de transporte (64,7%) e madeira e mobiliário (32,6%).

No entanto, quando se confrontam os dados da SDE com os dados da RAIS, os resultados são absurdamente exagerados. Uma possível explicação para isso pode estar nas informações que as empresas fornecem ao estado, exagerando o número de empregos a ser gerado na expectativa de obter o benefício. No período, as empresas incentivadas declararam a geração de 51.301 empregos diretos, mas os dados da RAIS registraram a geração de apenas 17.934 empregos na indústria extrativa e de transformação de todo o estado.

Pelo menos em duas indústrias houve uma aproximação dos números observados na RAIS. Por exemplo, na indústria de calçados, os dados da SDE sugerem a geração de 14.953 empregos diretos, e a RAIS registrou um aumento de 13.904 empregos. Na indústria de madeira e mobiliário, respectivamente, 1.159 e 1.081 empregos. Somente na indústria de minerais não metálicos o número de empregos foi subestimado, 896 contra 2.982 da RAIS. O que sugere um aumento da quantidade de empregos que não foram gerados por empresas incentivadas.

Em cinco indústrias os números da SDE aparecem muito acima dos registrados pela RAIS: química; têxtil e confecções; material elétrico; papel e; mecânica. O caso mais discrepante foi registrado na indústria de alimentos, no qual segundo os dados da RAIS, houve uma queda considerável do número de empregos, 6.259, mas a SDE previa um aumento de 6.547 empregos diretos.

De qualquer forma, quando são consideradas as indústrias que foram mais beneficiadas pelo FDI com as que geraram mais emprego, segundo a RAIS, há uma correlação positiva, embora não proporcional entre as duas variáveis, exceto para as indústrias alimentícias, material de transporte, metalúrgica, extrativa mineral e borracha. Para a primeira houve redução do número de empregos, mas no total das indústrias incentivadas esta participou com 17,1%. Material de transporte e metalúrgica não tiveram empresas incentivadas, mas aumentaram o emprego em, respectivamente, 64,7% e 13,5%. A Extrativa mineral participou com 0,5% das empresas incentivadas, mas reduziu o emprego em 33,2%. Por último, a indústria de borracha participou com 6,9% das empresas incentivadas e reduziu o emprego em 3,5%. Nas indústrias de calçados, mecânica, minerais não metálicos, papel, material elétrico, madeira, produtos farmacêuticos e têxtil e do vestuário, houve uma correlação positiva.

5.2.2.3. Período de 1999 a 2002

Os dados da RAIS, mostram um crescimento menor do número de empregos da indústria extrativa e de transformação do Ceará, em relação ao período anterior de governo, inclusive registrando uma taxa menor do que o Nordeste, 19,0% contra 20,7%. Das seis indústrias que mais aumentaram o emprego no Ceará, cinco dessas registraram as maiores taxas de crescimento também para o Nordeste. Ou seja, o crescimento do emprego da indústria extrativa mineral e de transformação do Ceará obedeceu a mesma lógica de crescimento do Nordeste neste período.

No entanto, quando comparada as indústrias que tiveram maior parcela de empresas incentivadas no Ceará com as indústrias que mais aumentaram o emprego, segundo dados da RAIS, somente observa-se correspondência positiva em quatro indústrias: calçados; borracha, fumo, couros e assemelhados; madeira e mobiliário e; mecânica. Ressalte-se, ainda, que dessas somente as indústrias de calçados e mecânica foram as mais contempladas com incentivos pelo estado. Das indústrias incentivadas, as que mais contribuíram para o crescimento do número de empregos, pelos dados da RAIS, foram a de calçados, 60,7%, borracha, fumo e couros, 41,4%, madeira e mobiliário, 16,7%, extrativa mineral, 16,4%, produtos alimentares, 15,4% e mecânica, 9,5%.

Esse período não foi muito favorável tanto para o Nordeste quanto para o Ceará em termos da implantação de novos estabelecimentos e geração de empregos na indústria extrativa e de transformação. Como o aumento do número de estabelecimentos foi pequeno e com forte peso nas indústrias dinâmicas, que geram menos trabalho, acredita-se que isso possa ter impactado no número de empregos gerados. No Ceará, de forma específica, houve uma quantidade significativa de empresas incentivadas na indústria dinâmica, 33,8%. Em termos gerais, segundo dados da RAIS, o aumento médio no número de estabelecimentos da indústria dinâmica foi maior que dos estabelecimentos da indústria tradicional, 32,1% e 23,0%, respectivamente. Ou seja, apesar do crescimento relativamente modesto foi significativa a parcela de novos estabelecimentos da indústria dinâmica, que pelos seus possíveis efeitos de encadeamento podem vir em algum momento a contribuir para geração de empregos em outros setores.

Para esse período, também, a previsão de geração de empregos diretos pelo estado foi superestimada. O governo previa a geração de 68.389 postos de trabalho, no entanto, segundo os dados da RAIS, foram gerados na indústria de transformação e extrativa mineral apenas 25.131 novos postos de trabalho. Houve aproximação dos números do governo com os da RAIS, somente nas indústrias de calçados (enquanto o governo esperava a geração de 14.287, a RAIS registrou 13.864 empregos) e extrativa mineral, respectivamente, 319 e 362 empregos.

Em conclusão, a análise da variável emprego aponta para um aumento na participação da indústria dinâmica no estado. Esta constatação é importante, pois sugere a superação de toda uma fase incipiente de industrialização que tem sua base na indústria tradicional.

5.2.3. Desconcentração da atividade econômica
5.2.3.1. Período de 1989 a 1994

O estado do Ceará foi dividido em 8 macrorregiões de planejamento. Divisão realizada com o objetivo expresso de interiorização do desenvolvimento econômico. Através da distribuição das empresas incentivadas pelas macrorregiões seria possível analisar a eficiência de um dos objetivos da "política industrial" do estado: a desconcentração da atividade industrial da

Região Metropolitana de Fortaleza – RMF, em direção ao interior do estado.

Nos dois últimos anos do primeiro governo das mudanças (1989 e 1990), todas as empresas incentivadas encontravam-se localizadas na RMF, macrorregião 1. Analisando um período maior (de 1989 a 1994), foi possível observar alguma desconcentração em relação a RMF, pela inclusão das macrorregiões 6 e 8, respectivamente, Baturité e Cariri/Centro Sul. Entretanto, das oito macrorregiões apenas quatro sediaram empresas incentivadas. A macrorregião 1, concentrou 72,3%, as macrorregiões 6 e 8, cada uma, 8,9%, e a macrorregião 7 (Litoral Leste/Jaguaribe), 1,8%. Todavia, a constatação de que metade das macrorregiões não foram contempladas com empresas incentivadas motivou uma reformulação do FDI no ano de 1995, como descrito anteriormente.

5.2.3.2. Período de 1995 a 1998

Para esse período, além do número de empresas incentivadas há uma outra informação relevante, referente aos investimentos realizados por cada empresa.

O que permite verificar como esses investimentos foram distribuídos pelas macrorregiões de planejamento do estado.

A princípio, observa-se que a distribuição das empresas incentivadas cobriu todas as macrorregiões, embora isso tenha ocorrido de forma muito desigual. Apenas três macrorregiões, 1, 7 e 8 concentraram, 88,0%, do total das empresas incentivadas e, 88,7%, do total dos investimentos. Dessas três, as macrorregiões 1 e 8 já eram regiões industrializadas, principalmente a 1. A macrorregião 2 (Litoral Oeste), vizinha da RMF possivelmente participa mais ativamente dos impulsos gerados pela grande economia daquela. A macrorregião 3 (Sobral/Ibiapaba), uma das três industrialmente mais importantes do estado, apesar de ter sediado apenas 4,6% das empresas incentivadas, recebeu 8,3% dos investimentos. Em conjunto estas quatro macrorregiões concentraram 92,6% das empresas e, 98,0%, dos investimentos. Essa desigualdade pode ser verificada na tabela 9.

Tabela 9: Participação do número de empresas e investimento nas indústrias incentivadas do Ceará – 1995/1998

Macrorregiões	(%) de empresas incentivadas	(%) de investimento
1 – RMF	65,3	79,9
2 – Litoral Oeste	2,3	1,6
3 – Sobral/Ibiapaba	4,6	8,3
4 – Sertão de Inhamuns	1,4	0,3
5 – Sertão Central	3,2	1,1
6 – Baturité	0,5	0,0
7 – Litoral Leste/Jaguaribe	6,9	2,8
8 – Cariri/Centro Sul	15,7	6,0
Total	100,0	100,0

Fonte: Dados SDE, elaboração do autor.

Os dados acima permitem concluir que apesar das alterações no FDI, o objetivo de desconcentração da atividade produtiva, em especial da atividade industrial, não é uma tarefa simples. Em outras palavras, a "política industrial" via incentivos parece não responder ao objetivo da desconcentração. Um dos motivos para tal resultado pode estar presente nas próprias macrorregiões. Determinadas macrorregiões podem não reunir condições para que inversões industriais possam ser realizadas. Nesse aspecto, uma outra política deve ser implementada, dentro das potencialidades existentes em cada macrorregião. Preocupação que foi sendo trabalhada pelo governo do estado através da identificação dos arranjos produtivos locais.

5.2.3.3. Período de 1999 a 2002

Em comparação com o período anterior existe uma melhor distribuição das empresas incentivadas pelas oito macrorregiões do estado. A RMF registrou uma redução de 65,3%, para 55,6%, no total das empresas incentivas e outras três macrorregiões registraram aumento, Sertão Central, Baturité e Litoral Leste/Jaguaribe, como pode ser verificado na tabela 10. Importante observar que as três macrorregiões mais importantes, RMF, Sobral/Ibiapaba e Cariri/Centro Sul, registraram redução no total das empresas incentivadas, como pode ser verificado na tabela 10.

Tabela 10: Comparação das Participações do número de empresas e investimento nas indústrias incentivadas do Ceará – 1995/1998 e 1999/2002

Macro regiões	1995 a 1998		1999 a 2002	
	(%) de empresas incentivadas	(%) de investimento	(%) de empresas incentivadas	(%) de investimento
1 – RMF	65,3	79,9	55,6	89,8
2 – Litoral Oeste	2,3	1,6	8,6	3,8
3 – Sobral/ Ibiapaba	4,6	8,3	2,3	0,1
4 – Sertão de Inhamuns	1,4	0,3	1,0	0,0
5 – Sertão Central	3,2	1,1	4,3	0,2
6 – Baturité	0,5	0,0	2,0	0,2
7 – Litoral Leste/ Jaguaribe	6,9	2,8	13,6	4,9
8 – Cariri/ Centro Sul	15,7	6,0	12,6	0,9
Total	100,0	100,0	100,0	100,0

Fonte: Dados SDE, elaboração do autor.

Não que essa maior amplitude da distribuição das empresas incentivadas não seja importante. Mas, o fato é que ocorreu um aumento significativo na concentração dos investimentos em torno da RMF, de 79,9%, para 89,8%, e queda nos investimentos de metade das macrorregiões do estado. Ou seja, as macrorregiões menos desenvolvidas não se beneficiaram dos investimentos ocorridos nesse período nem as duas mais importantes do estado. Depois da RMF, as últimas situadas mais no interior do estado (Sobral/Ipiapaba e Cariri/Centro Sul), também registraram redução do investimento. Somente duas macrorregiões conseguiram aumentar suas parcelas no investimento total, Litoral Oeste, vizinha da RMF, e Litoral Leste/Jaguaribe. Sendo que as mesmas conclusões do período anterior podem ser aplicadas a esse, mas com o agravante da concentração de investimentos na RMF.

6. Notas conclusivas

O tema da política industrial tem suscitado debates acalorados entre as duas correntes principais da economia: o desenvolvimentismo e o liberalismo. Há várias abordagens teóricas sobre o tema que se diferenciam, em grande medida, pela prescrição de uma maior ou menor intensidade de intervenção do Estado no mercado. Nesse sentido, a posição que parece mais razoável é não seguir uma linha teórica específica, mas sim, levar em consideração os aspectos mais relevantes das diversas posições e incluí-los em uma proposta de uma política industrial, denominada por Além, Barros e Giambiagi (2002) de "política industrial pragmática". Portanto, a participação do Estado-nação na promoção das atividades produtivas de um país tem sido um tema pleno de controvérsias, que tem envolvido um considerável esforço teórico, tanto por parte dos especialistas adeptos a um maior ativismo quanto por parte dos contrários. Nos últimos anos, alguns resultados contribuíram para dar bases mais substantivas à defesa da política industrial:

1) o sucesso do desenvolvimento asiático na década de 1980, que forçou os economistas a incluírem as instituições nos modelos de desenvolvimento;

2) a importância do progresso técnico e do aprendizado como fontes de eficiência (retornos crescentes de escala associados ao avanço do progresso técnico, que implicam espaços justificáveis para a ação do Estado);

3) o entendimento que há restrições ao funcionamento do mercado sob as quais se dá a atuação do Estado, tais como: a existência de racionalidade limitada, de informação imperfeita e de interesses múltiplos, que implicam maiores espaços para entender e melhorar a qualidade da ação pública;

4) o fato de a década de 1990 ter demonstrado que somente a estabilidade macroeconômica não se apresenta como condição suficiente para promover a mudança estrutural da economia e do padrão exportador do país em termos dinâmicos.

Em resumo, seja através do reconhecimento da importância das instituições, das questões relacionadas ao progresso técnico ou ao funcionamento dos mercados, há justificativas suficientes que demonstram a responsabilidade histórica do Estado-nação e das suas unidades no processo de transformação econômica da sociedade. Neste sentido, a questão mais adequada não seria referente a quanto o Estado intervém, mas sim ao tipo de intervenção e aos seus possíveis desdobramentos.

No caso das posições menos intervencionistas, a defesa das ações do governo apenas é justificada para a correção das falhas de mercado: i) a existência de economias de escala; ii) a existência de externalidades; iii) a existência de bens públicos; iv) informação imperfeita e assimétrica; e v) incerteza. Segundo esta corrente, ainda que a existência destas falhas justifique a execução de uma política industrial por parte do governo, esta não deveria ser utilizada. Isto porque a existência de falhas de governo poderia levar a uma situação em que a intervenção estatal provocaria ainda maiores prejuízos ao mercado.

A intervenção do Estado, segundo a teoria tradicional, também se justificaria em nível regulatório (defesa da concorrência), principalmente, no que diz respeito ao comércio exterior. Em geral, este grupo de teóricos defende a especialização dos países nos setores nos quais possuam vantagens comparativas reveladas, que estando dadas para cada país não poderiam ser modificadas ou se alterariam apenas com determinadas políticas horizontais.

As abordagens mais intervencionistas, por outro lado, defendem um papel mais ativo do Estado, no qual a política industrial pode ter um papel fundamental na construção de vantagens comparativas dinâmicas em oposição às vantagens comparativas estáticas. Para isso, o principal instrumento seria o conhecimento e a inovação tecnológica, vista como principal elemento dinamizador da atividade econômica capitalista. Logo, o principal objetivo de uma política industrial seria aumentar a competitividade sistêmica, criando um ambiente favorável à busca de concorrência entre as firmas. A política industrial assume um papel estratégico à medida que permite a coordenação dos agentes produtivos que precisam tomar decisões cruciais como investir e/ou inovar em um ambiente permeado de incerteza quantos aos resultados futuros de suas decisões. (ALÉM, BARROS E GIAMBIAGI, 2002)

Posto isto, e para além das abordagens citadas, o desenvolvimento e o impacto da política industrial dependem de um conjunto complexo de interdependências socioinstitucionais que condicionam as trajetórias nacionais. Mas, as variações nas relações Estado-sociedade e na organização interna do Estado criam diferentes graus de capacidade para promover o desenvolvimento e as consequências da intervenção do Estado dependem de que tipo de intervenção é tentada, o tipo de Estado e o seu contexto. E este contexto, refere-se a um novo padrão de acumulação capitalista que vem desafiando a implementação de políticas de desenvolvimento industrial e tecnológico e exigindo transformações nas esferas econômica, política e social, que possibilitem acompanhar as tendências desse novo regime de acumulação. No seu conjunto, ele vem sendo denominado de Nova Economia, ou Economia do Aprendizado e do Conhecimento ou, ainda, mais recentemente de Regime de Acumulação dominado pelas Finanças.

No período de 1989 a 2002, o Ceará obteve o melhor desempenho em relação ao aumento do número empregos na indústria extrativa e de transformação, dentro do Nordeste. Enquanto no Nordeste houve uma redução de 0,6%, do número de empregos, o Ceará registrou um aumento de 46,7%, o que corresponde a

50.099, novos postos de trabalho. Vale registrar que Alagoas, o estado que mais aumentou emprego depois do Ceará, somente gerou 12.963 novos postos. [xxx]

Comparando o Ceará com as duas outras maiores economias da região observa-se o seguinte fenômeno. Em 1989, O Ceará empregava 107.271 trabalhadores na indústria extrativa e de transformação, Pernambuco 223.473 e, Bahia, 123.149. Depois de 13 anos de execução da sua "política industrial", o Ceará passou a empregar, 157.370, Pernambuco, 134.493 e a Bahia, 127.459. Portanto, o Ceará conseguiu tornar-se dentro do Nordeste o maior gerador de postos de trabalho na indústria extrativa e de transformação.

Nesse período, também, o Ceará mais que dobrou o número de estabelecimentos da indústria extrativa e de transformação, passando de um total de 2.845, em 1989, para 6.548, em 2002. Ultrapassando o estado de Pernambuco (3.550 para 6.157, respectivamente), e aproximando-se da Bahia (3.632 para 7.022), o estado mais desenvolvido da região.

Nas seções anteriores foi possível observar as transformações no mercado de trabalho e na evolução da participação do setor industrial na economia cearense.

Mas, também, é importante registrar a possível influência da "política industrial" na composição dos produtos que compõem a balança comercial. A indústria calçadista saiu de uma participação inexpressiva na pauta de exportações, no ano de 1995, e passou a apresentar sucessivos incrementos nos valores exportados (tornando-se, em 2001, o principal produto de exportação do estado). Na indústria de alimentos destaca-se a atração de empresas ligadas a carcinicultura. Entre 1995 e 2001, foram atraídas 16 empresas que contribuíram para aumentar o valor das exportações de camarão, de US$ 6,2 milhões (1999), para US$ 54,0 milhões, em 2002 (aumento de 779%). Destacam-se, ainda, na pauta de exportações, as atividades relacionadas a produtos de algodão, peles e couros, entre outros. [xxxi]

Em relação a pauta de importações, o movimento mais significativo decorrente da "política industrial" está relacionado a importação de máquinas e equipamentos:

> [...] é fácil ver que o crescimento das importações estaduais decorreu principalmente da abertura comercial no início dos anos 1990. É possível, todavia, afirmar que as compras externas de alguns produtos, tais como bens de capital e alguns insumos, sofreram um impacto mais direto da política industrial do Estado, uma vez que diversas empresas instaladas no Ceará tiveram de adquirir máquinas e equipamentos

para suas linhas de produção, sendo razoável supor que parte destas máquinas foi adquirida no Exterior. [xxxii]

Pontes (2003), conclui que houve três transformações importantes na economia estadual em decorrência da "política industrial" do Ceará. A primeira, verificada na composição do PIB estadual, que o autor credita a modificação do FDI-PROVIN, em 1995, e que teve um papel relevante na retomada do crescimento industrial. A segunda, observada na pauta de produtos exportados pelo Ceará, entre os anos de 1990 e 2002, na qual os setores que mais contribuíram para o crescimento das exportações foram beneficiados por investimentos atraídos pelo FDI-PROVIN. A terceira e última, relacionada ao crescimento das importações de alguns insumos e de bens de capital utilizados pela indústria cearense. Justificando, em parte, a necessidade de fornecimento das empresas incentivadas pelo FDI-PROVIN, que não pudessem ser atendidas por fornecedores nacionais.

Entretanto, os resultados acima só fazem sentido se examinados dentro de um contexto mais amplo: da guerra fiscal brasileira. Ao analisar os efeitos da guerra fiscal, Varsano (2001), primeiro considera que as políticas industriais descentralizadas são inspiradas em legítimas aspirações dos governos estaduais de reduzir as disparidades do seu nível de desenvolvimento, mediante expansão acelerada da produção, do nível de emprego e da renda em seus respectivos territórios. Entretanto, considerando que essas políticas sejam fundamentadas em incentivos fiscais, na medida em que a prática se espraia, todos ou quase todos disputando os investimentos, sua eficiência se esvai. E por fim, nos estágios finais da guerra fiscal, todas as batalhas são vencidas pelos estados mais desenvolvidos.

Ferreira (2000), vai ainda mais longe, ao analisar indiretamente o caso do Ceará, destaca que:

> 1) incentivos tributários são viesados para grandes firmas: a razão é que existem substanciais custos de transação em buscar e obter incentivos. Somente grandes firmas são capazes de suportar esses custos.
> 2) Projetos aprovados tendem a ser intensivos em capital, ou seja, tem proporções capital/trabalho muito altas.
> 3) incentivos baseados em ICMS discriminam contra firmas estabelecidas. Isto decorre da ideia de atrair novas firmas para o Estado. Consequentemente, cria-se uma vantagem artificial para firmas entrantes no mercado. As firmas estabelecidas, assim, acabam migrando para Estados vizinhos (usufruindo de benefícios similares) para exportar para o Ceará a preços mais vantajosos, mesmo apesar dos custos de transporte.
> 4) "o esquema gera uma possível tendência para postergar modernização ou investimento de expansão

da planta por firmas funcionando sob regime de incentivos fiscais." Investe-se em atividades lobistas para manter vantagens fiscais por mais tempo, em vez de se investir em escala ou melhoria de produtos. O estudo, contudo, não apresenta fortes evidências de que isto de fato esteja ocorrendo (...)

5) desenvolvimento de atividades *rent-seeking*, que sobrevivem em função da multiplicidade e confusão dos critérios para elegibilidade para os benefícios (gastos com contabilidade, advogados e lobistas estão entre estas atividades).

6) distorções locacionais: firmas escolhem sua localização baseado em incentivos fiscais e não em função da oferta de fatores de produção disponível. Existe um custo econômico invisível, que consiste na perda de produtividade do capital da firma, compensada pelo incentivo fiscal. Assim, o contribuinte local carrega o peso deste custo econômico, seja porque a oferta local de bens públicos cai ou porque algum imposto é aumentado para compensar pela perda de arrecadação.

7) distorção na composição do gasto público. Isto é, em estágios avançados a guerra fiscal passa a se dar em torno dos dispêndios em infraestrutura, em detrimento do gasto social, aumentando a regressividade do gasto público (...) Estados mais ricos tem óbvia vantagem, quando a competição interestadual atinge este estágio.

8) distorção das vantagens comparativas: um exemplo seria o Estado de Piauí dar isenção fiscal para uma instalação de uma planta fabricante de fibra ótica (com alto conteúdo tecnológico), ao custo de um aumento do ICMS para os produtores de óleo de babaçu.

Para fechar esse conjunto de críticas, Viol (1999), resume que na luta pela atração de novos investimentos, os estados renunciam ao controle de seus próprios instrumentos de governabilidade, reduzindo salários, impostos, benefícios sociais e controles ambientais para tornarem-se mais competitivos. Entretanto, os resultados dessa pesquisa revelam outra realidade em relação aos argumentos acima.

Não se pode negar que um desenvolvido calcado em incentivos fiscais não traga problemas para o País, como trouxe também a política de desenvolvimento regional a partir dos anos setenta do século passado. É inegável que esta tenha gerado crescimento, mas foi um crescimento altamente concentrado inter e intraregionalmente, como confirma a análise dos PIB's totais e industriais, estabelecimentos e empregos. A diferença agora é que os resultados se dão numa esfera espacial menor, em vez de regional o campo é estadual. Esse modelo, construído no vazio de um equilíbrio estrutural e sem nenhuma coordenação por parte do poder central, certamente não resolverá o problema dos estados mais pobres da federação, nem do desenvolvimento desequilibrado do País no longo prazo. Não sem exceções como registrado nesta pesquisa.

Segundo Piancastelli e Perobelli (1996), todos os estados brasileiros têm concentrado mais esforços em políticas voltadas à atração de investimentos e à geração de empregos baseadas em concessões fiscais derivadas do ICMS. Mas, a efetividade desta política é diferenciada para cada estado e somente em circunstâncias particulares ela é vitoriosa. Em complemento, o sucesso destas políticas não pode ser creditado somente aos incentivos fiscais. E o Ceará, por ser um caso de sucesso, torna evidente esta constatação.

Foi necessária toda uma transformação institucional para que uma "política industrial", via incentivos fiscais, apresenta-se resultados efetivos no Ceará. O sucesso obtido por este certamente contribui para desmitificar as assertivas colocadas acima, sobre os resultados da guerra fiscal, não sem qualificações, todavia. Não houve uma corrida das indústrias de estados menos desenvolvidos do Nordeste para o Ceará. Os investimentos realizados vieram em grande parte de regiões mais desenvolvidas do País. Gerou-se indiretamente oportunidade para o capital local, pois elevada parcela das empresas incentivadas foram do próprio estado. Não beneficiou somente grandes investimentos, pois a participação das empresas cearenses incentivadas no investimento total não foi tão elevada. Foram atraídas empresas de outros países em vários setores industriais com elevada participação na parcela de investimento. Contribuiu, ainda que de forma isolada, para a desconcentração produtiva do País. Houve um importante aumento no emprego industrial. Não se tornou mais dependente dos repasses da União. Não comprometeu o orçamento do estado, pelo menos do modo preconizado pelos críticos dos incentivos. Sobre este ponto, Alves (2001, p. 83), esclarece que:

> [...] a conexão entre a guerra fiscal e as finanças estaduais não pode ser feita de forma direta, pois os impactos nos orçamentos estaduais dependem da natureza dos instrumentos utilizados. Se os principais instrumentos utilizados forem orçamentários, os impactos sobre os orçamentos estaduais tendem a ser maiores. Contrariamente, se o principal instrumento utilizado for o ICMS, os custos fiscais estaduais tendem a ser menores (embora não sejam desprezíveis). A análise desenvolvida em todo o trabalho e os resultados encontrados no exercício empírico, mostram que o uso do ICMS tem sido o responsável pelo maior volume de incentivos oferecidos no âmbito da guerra fiscal, o que, portanto, diminui sensivelmente o impacto orçamentário dos programas de subsidiamento.

Portanto, o que se constatou, ao longo dessa exposição, foi que os incentivos fiscais quando combinados com uma organização eficiente da máquina administrativa, mesmo em regiões pobres pode fazer uma grande diferença em termos de impactos positivos sobre a sua economia, desencadeados pela indústria. Os dados relativos aos PIB's, total e industrial, estabelecimentos industriais, setores, empregos, origem dos investimentos suportam estes resultados. E, não pode existir outro caminho de crescimento que não seja encontrar meios que favoreça o capital, dentro do processo de expansão desigual e combinado do capitalismo. A história de todos os países desenvolvidos demonstra esse fato.

Nada existiu de errado na estratégia do Ceará na busca pelo crescimento. Entretanto, como o País constitui-se de uma federação, não se pode deixar os estados a espera de um conjunto de circunstâncias particulares, como ocorreu no Ceará, nem tampouco presos a uma estratégia do 'salve-se quem puder', como vem ocorrendo no Brasil após a descentralização.

Segundo Filho (1999), a descentralização fiscal não pode ser confundida com a ideia de federalismo. O federalismo digno de seu nome deve mobilizar quatro noções-chave, a saber: autonomia, cooperação, equilíbrio estrutural e coordenação. O primeiro refere-se à autogestão garantida institucionalmente pela Constituição às partes federadas. O segundo, à responsabilidade que cabe a cada subsistema na gestão do País inteiro e está diretamente relacionado a noção de "cooperação pactuada" das ações entre os estados federados. Equilíbrio estrutural e coordenação são funções exclusivas de responsabilidade do governo federal ou da União e devem ir além daquelas funções clássicas definidas pela teoria das finanças públicas.

Por fim, as condições que possibilitaram o sucesso do Ceará, de certo são bastante peculiares. Não se pode esperar que situações semelhantes ocorram por todo o País. Nesse contexto, um novo pacto federativo deve ser estabelecido para que em condições normais os demais estados da federação possam estabelecer políticas eficientes de desenvolvimento. [xxxiii] Entretanto, esse novo pacto exige um novo sistema tributário nacional que possibilite aos estados manterem o seu equilíbrio fiscal e originarem recursos para políticas de desenvolvimento sem causar constrangimentos aos outros estados e ao País. Também exige uma maior transparência entre as relações governamentais e um novo redimensionamento das políticas regionais.[xxxiv] Prática que só foi iniciada no ano 2000, com a Lei de Responsabilidade Fiscal, mesmo assim com um caráter mais punitivo que de sustentação da autonomia dos entes federados. Infelizmente, a noção da coerção é mais forte do que a de coordenação da União para com os entes federados. Situação que se sustenta pelas transferências gerando dependência e não estimulando os estados a se tornarem mais fiscalmente eficientes. De qualquer forma, os princípios acima descritos que seriam responsáveis por balizar o desenvolvimento nacional encontram-se ainda ausentes no País.

7. Referências

ABUT-EL-HAY, Jawdat. Classe, poder e administração pública no Ceará. In: A era Jereissati: modernidade e mito. Parente, Josênio e Arruda, José Maria (Org). Fortaleza: Edições Demócrito Rocha, 2002.

_____. Neodesenvolvimentismo no Ceará: autonomia empresarial e política industrial. Revista Econômica do Nordeste – REN, Fortaleza, v. 28, n. 3, p. 325-345, jul/set, 1997.

ALVES, Maria Abadia da Silva. Guerra fiscal e finanças federativas no Brasil: o caso do setor automotivo. Dissertação (Mestrado em Economia), Instituto de Economia: Universidade Estadual de Campinas – Unicamp, São Paulo, 2001.

DEMÉTRIO ANDRADE; Bruno, ARTUR. Os pecados capitais do Cambeba. In: Os pecados capitais do Cambeba. Bruno, Artur, Farias Airton de e Andrade, Demétrio. Fortaleza: Editora Expressão Gráfica, 2002.

AZEVEDO, P. F. de e TONETO Júnior, R. Fatores determinantes da relocalização industrial no Brasil na década de 90. In: Encontro da Associação Nacional de Pós-Graduação em Economia. Anais..., Belém, ANPEC, 1999.

BONFIM, Washignton Luis de Souza. Qual mudança? Os empresários e a Americanização do Ceará. Tese (Doutorado em Ciência Política), Instituto Universitário do Rio de Janeiro,- IUPERJ 1999.

_____. De Távora a Jereissati: duas décadas de política no Ceará. In: A era Jereissati: modernidade e mito. PARENTE, Josênio; ARRUDA, José Maria (Org). Fortaleza: Edições Demócrito Rocha, 2002.

CARVALHO, José Raimundo; BARRETO, Flávio Ataliba; OLIVEIRA, Victor Hugo de. O Fundo de Desenvolvimento Industrial do Ceará: uma avaliação econométrica com dados em painel para o período de 1995 a 2001.

CEARÁ, Governo do Estado do. Mensagem a Assembleia Legislativa 1968. Fortaleza-Ce, 1968.

_____. Mensagem a Assembleia Legislativa 1987. Fortaleza-Ce, 1987a.

_____. Mensagem a Assembleia Legislativa 1990. Fortaleza-Ce, 1990.

_____. Mensagem a Assembleia Legislativa 1991. Fortaleza-Ce, 1991.

_____. Mensagem a Assembleia Legislativa 1992. Fortaleza-Ce, 1992a.

_____. Mensagem a Assembleia Legislativa 1993. Fortaleza-Ce, 1993.

_____. Mensagem a Assembleia Legislativa 1994. Fortaleza-Ce, 1994.

_____. Mensagem a Assembleia Legislativa 1995. Fortaleza-Ce, 1995a.

_____. Mensagem a Assembleia Legislativa 1996. Fortaleza-Ce, 1996.

_____. Mensagem a Assembleia Legislativa 1997. Fortaleza-Ce, 1997.

_____. Mensagem a Assembleia Legislativa 1998. Fortaleza-Ce, 1998.

_____. Mensagem a Assembleia Legislativa 1999. Fortaleza-Ce, 1999a.

_____. Mensagem a Assembleia Legislativa 2000. Fortaleza-Ce, 2000.

_____. Mensagem a Assembleia Legislativa 2001. Fortaleza-Ce, 2001.

_____. Mensagem a Assembleia Legislativa 2002. Fortaleza-Ce, 2002a.

_____. Mensagem a Assembleia Legislativa 2002. Fortaleza-Ce, 2003.

_____. Plano de Mudanças, 1987b.

_____. A nova política industrial do Ceará: interiorização do Desenvolvimento. Fortaleza-Ce, 1989b.

_____. Plano Ceará Melhor. Fortaleza-Ce, 1992b.

_____. Plano de Desenvolvimento Sustentável 1995-1998. Fortaleza-Ce, 1995b.

_____. Consolidando o Novo Ceará. Plano de Desenvolvimento Sustentável, 1999-2002. Fortaleza-Ce, 1999b.

_____. Política de desenvolvimento econômico. Governo do Estado do Ceará/Secretária do Desenvolvimento Econômico. Fortaleza-Ce, 2002b.

COIMBRA, Ricardo Aquino. Perfil da nova indústria do Ceará no período 1991-1995: determinantes da composição espacial e setorial. Dissertação (Mestrado em Economia), Universidade Federal do Ceará UFC/CAEN. Fortaleza, 1998.

CÓSSIO, Fernando Andrés Blanco. Estresse Fiscal como Determinante da Elevação do Esforço de Arrecadação Tributária dos Governos Estaduais Brasileiros. Instituto de Pesquisa Econômica Aplicada. 2004

COSTA, Liduina Farias Almeida da. O Nordeste e a globalização: posicionamento dos empresários-políticos cearenses. Tese (Doutorado em Sociologia), Universidade Federal do Ceará, 2000.

DIAS, Francisco Régis Cavalcanti; HOLANDA, Marcos Costa; FILHO, Jair do Amaral. Base conceitual dos critérios para concessão de incentivos para investimento no Ceará (FDI). Nota Técnica n. 3. Governo do Estado do Ceará/Secretaria do Planejamento e Coordenação (Seplan)/Instituto de Pesquisa e Estratégia Econômica do Ceará (Ipece). Fortaleza, 2003.

DINIZ, Eli. Empresários, interesses e mercado: dilemas do desenvolvimento no Brasil. Belo Horizonte: Editora UFMG: Rio de Janeiro: IUPERJ, 2004.

_____. Globalização, reformas econômicas e elites empresariais: Brasil anos 90. Rio de Janeiro: Editora FGV, 2000.

_____. Governabilidade e democracia: os desafios da construção de uma nova ordem no Brasil dos anos 90. In: Reforma do Estado e democracia no Brasil: dilemas e perspectivas. DINIZ, Eli e AZEVEDO Sérgio (Org). Editora Universidade de Brasília: Brasília, 1997.

EWBANK ROCHA, Euripedys. O caráter inovador do Fundo de Desenvolvimento do Ceará. UFC-CAEN. TD 97. 1991.

FARIAS, Airton de. A geração Cambeba. In: Os pecados capitais do Cambeba. Bruno, Artur, Farias, Airton de e Demétrio Andrade. Fortaleza: Editora Expressão Gráfica, 2002.

_____. História do Ceará: dos índios a geração Cambeba. Fortaleza: Tropical, 1997.

FARINA, Maria Mercier Querido, AZEVEDO, Paulo Furquim de e SAES, Maria Sylvia Macchione. Competitividade: mercado, Estado e organizações. São Paulo: Editora Singular, 1997.

FEITOSA, Paulo César Machado. A idéia de política industrial. Cadernos de Economia. Belo Horizonte. v. 1, n. 5, fev, 1992.

FERREIRA, Sérgio Guimarães. Guerra fiscal: competição tributária ou corrida ao fundo do tacho? Informe BNDES, n. 4, 2000.

FILHO, Jair do Amaral. Desenvolvimento regional endógeno em um ambiente federalista. IPEA: PLANEJAMENTO E POLÍTICAS PÚBLICAS Nº 14 – Dez, 1996.

_____. Incentivos fiscais e políticas estaduais de atração de investimentos. Nota Técnica n. 8. Governo do Estado do Ceará/Secretaria do Planejamento e Coordenação (Seplan)/Instituto de Pesquisa e Estratégia Econômica do Ceará (Ipece): Fortaleza, 2003.

_____. O Quadrilátero do federalismo: uma contribuição para a compreensão do federalismo imperfeito no Brasil. Revista Econômica do Nordeste - REN, Fortaleza, v. 30, n. especial 876-895, dezembro 1999.

FRISCHTAK, Cláudio R. As bases da política industrial: aspectos estruturais e setoriais. In: Mathieu, Hans; OLIVEIRA, Marco Antonio de (Orgs). A nova política industrial: o Brasil no novo paradigma. São Paulo: Marco Zero: ILDESFES, FINEP, 1996.

GONDIM, Linda M. P. Os "Governos das mudanças" (1987-1994). In: Uma nova história do Ceará. Sousa Simone (Org.). Fortaleza: Edições Demócrito Rocha, 2000.

_____. Os "governos das mudanças" no Ceará: social democracia ou populismo? In: Reforma do Estado e democracia no Brasil: dilemas e perspectivas. DINIZ, Eli; AZEVEDO Sérgio (Org.). Brasília: Editora da Universidade de Brasília, 1997.

IPLANCE. A experiência cearense de ajuste fiscal, 1987-1991. Fortaleza, 1993.

LEMENHE, Maria Auxiliadora. Família, tradição e poder: o (caso) dos coronéis. São Paulo: ANABLUME/Edições UFC, 1995. (Selo Universidade; 44)

LOPREATO, Francisco Luiz C. A situação financeira dos Estados e a reforma tributária. Texto para Discussão. IE/UNICAMP, n. 115, mar. 2004.

LUIS MÉNDEZ, José. Política industrial subnacional e internacional no estado de Nuevo Leon (México). In: Competitividade e desenvolvimento: atores e instituições locais. GUIMARÃES, Nadya Araújo; MARTIN, Scott (Orgs.). São Paulo: Editora SENAC, 2001.

MARTINS, Mônica Dias. Modernização do Estado e reforma agrária. In: A era Jereissati: modernidade e mito. PARENTE, Josênio; ARRUDA, José Maria (Org). Fortaleza: Edições Demócrito Rocha, 2002.

MENEZES, Ana Maria Ferreira. O processo de descentralização e as contas públicas: um estudo sobre as bases financeiras municipais baianas. Tese (Doutorado em Administração), Universidade Federal da Bahia, UFB, Salvador, 2002.

MONTERO, Alfred P. Elaboração de políticas econômicas em nível subnacional no Brasil: uma colcha de retalhos. In: Transição em fragmentos: desafios da democracia no final do século XX. Alzira Alves Abreu (Org.). Rio de Janeiro: Editora FGV, 2001.

PACHECO, C. A. Novos padrões de localização industrial? Tendências recentes dos indicadores de produção e do investimento industrial. Texto para discussão n. 663. IPEA: Brasília, 1999.

PARENTE, Josênio C. O Ceará e a modernidade. In: A era Jereissati: modernidade e mito. PARENTE, Josênio; ARRUDA, José Maria (Org). Fortaleza: Edições Demócrito Rocha, 2002.

PERIUS, Kátia Cibele Graeff. A concessão de incentivos fiscais estaduais e a nova lei de responsabilidade fiscal no federalismo brasileiro. Dissertação (Mestrado em Ciências Jurídicas), Centro de Ciências Jurídicas, Universidade do Vale do Rio dos Sinos – Unisinos. Rio Grande do Sul, 2002.

PIANCASTELLI, Marcelo e PEROBELLI, Fernando. ICMS: evolução recente e guerra fiscal. Texto para discussão n. 402. Brasília: IPEA, 1996.

PINHEIRO, Armando Castelar; GIAMBIAGI, Fabio e GOSTKORZEWICZ, Joana. O desempenho macroeconômico do Brasil nos anos 90. In: A Economia Brasileira nos Anos 90. Rio de Janeiro: BNDES.

PIRES SOUZA, Fernando J. Transformações políticas e institucionais no Ceará: repercussões nas finanças públicas do estado. In: Encontro Nacional de Economia Política, 10, 2005, Campinas, Anais... São Paulo: SEP, 2005.

PONTES, Paulo Araújo. Política industrial no estado do Ceará: uma análise do FDI-PROVIN,1979-2002.

Dissertação (Curso de Pós-Graduação em Economia da Universidade Federal do Ceará – CAEN/UFC), Universidade Federal do Ceará – CAEN, 2003.

ROCHA, Antônio Gláuter Teófilo. Os governos aprendem, as políticas evoluem: fatores cognitivos e políticos moldando as políticas industriais da Bahia, do Ceará e de Pernambuco. Tese (Doutorado em Engenharia de Produção). Pontifícia Universidade Católica do Rio de Janeiro – PUC, 2004.

RODRIGUES, Denise Andrade. O papel dos governos estaduais na indução do investimento: a experiência dos estados do Ceará, Bahia e Minas Gerais. Revista do BNDES, Rio de Janeiro, v. 7, n. 10, 1998.

_____. Os Investimentos no Brasil nos Anos 90: Cenários Setorial e Regional. Revista do BNDES, Rio de Janeiro, v. 7, n. 13, p. 107-136, jun. 2000.

ROSA SILVA, Isabela Fonte Boa; SAMPAIO DE SOUSA, Maria da Conceição. Determinantes do endividamento dos estados brasileiros: uma análise de dados de painel. Brasília: UNB. Texto para discussão, n. 259, novembro de 2002.

SERRA, José e AFONSO, José Roberto Rodrigues. O federalismo fiscal à brasileira: algumas reflexões. Versão revista e atualizada de "paper" apresentado no Forum of Federations – International Conference on Federalism, em sessão plenária do tema "New Economic and Fiscal Federalism". Mont-Tremblant, Canadá, 1999.

TENDLER, Judith. The economic wars between the states. Massachusetts Institute of Technology, 2000.

_____. Bom governo nos trópicos: uma visão crítica. Rio de Janeiro: Revan, Brasília, DF: ENAP, 1998.

VARSANO, Ricardo. A guerra fiscal do ICMS: quem ganha e quem perde? Texto para discussão n. 500. Brasília: IPEA, 1996.

_____. Reforma tributária e guerra fiscal na federação brasileira. Relatório CAT n. 5, setembro de 2001.

VASCONCELOS, José Romeu de. Ceará, Pernambuco, Paraná e Rio Grande do Sul: economia, finanças públicas e investimentos nos anos de 1986 a 1996. Texto para discussão n. 626. 1999.

_____; ALMEIDA, Manoel Bosco de; SILVA, Almir Bittencourt da. Ceará: economia, finanças públicas e investimentos nos anos de 1986 a 1996. Texto para discussão n. 627. Brasília: IPEA, 1999.

VIOL, Andréa Lemgruber. O fenômeno da competição tributária: aspectos teóricos e uma análise do caso brasileiro. Brasília: ESAF, 1999. 79 p. Monografia vencedora em 1º Lugar no IV Prêmio de Monografia - Tesouro Nacional, Tópicos Especiais de Finanças Públicas, Brasília (DF), 1999.

Notas

---

i Essas transformações foram devidamente registradas em todos os seus aspectos de natureza histórica, política, econômica, social, fiscal e institucional. Dentre os autores que abordaram esses temas, destacam-se: Bonfim (1999; 2002); Lemenhe (1995); Abu-El-Hay (1997;2002); Parente (2002); Vasconcelos (1999); Vasconcelos, Almeida e Silva (1999); Coimbra (1998); Pires Souza (2005), Gondim (1997, 2000); Martins (2002); Farias (1997 e 2002); Costa (2000); entre outros.

ii O CIC foi fundado em 1919 com o objetivo de tratar de assuntos de interesse comuns aos industriais e estudar possibilidades de novos empreendimentos. Entretanto, entrou em decadência devido ao aparecimento de outras organizações representativas como a Federação das Associações de Comércio e Indústria do Ceará e a Federação das Indústrias do Estado do Ceará (FIEC) em 1950. O presidente desta última entidade passou a acumular automaticamente a presidência do CIC. Processo que durou até 1978, quando um grupo de "jovens empresários" assumiu o controle do CIC e implantou sua autonomia em relação a FIEC. A partir de então o CIC entrou em nova fase, mobilizando o empresariado e tendo notável presença na vida pública, pelo menos até a eleição de um de seus membros para governador do estado. (FARIAS, 1997)

iii Em termos de Brasil, Diniz (2004), destaca que embora os empresários tenham desempenhado um papel importante no processo de redemocratização não desenvolveram a capacidade de liderar o processo de mudança que ocorreria a partir da deflagração desse momento. De forma geral, não foram capazes de participar e ter voz ativa na formulação de uma nova concepção de desenvolvimento. O que se observou na verdade foi um descompasso entre a adesão ideológica ao neoliberalismo e um padrão de comportamento pautado pela prevalência de práticas corporativas.

iv Uma análise sucinta do Artigo 34 do Decreto Lei nº 3995 de dezembro de 1961 e das emendas introduzidas pelo Artigo 18 do Decreto Lei nº 4239 d junho de 1963, como um dos instrumentos mais destacados de ação para promover o processo de industrialização do Nordeste, pode ser encontrada em Abu-El-Haj

(1997).

ᵛ Uma visão mais aprofundada sobre todos os planos de governo do Ceará, ver Pontes (2003).

ᵛⁱ Para uma análise aprofundada do papel da CODEC na industrialização do Ceará, ver Ewbank Rocha (1991).

ᵛⁱⁱ O FDI foi criado no mês de dezembro de 1979, no governo Virgílio Távora, pela lei 10.367, e provia o estado de uma regulamentação e incentivos para atração de investimentos industriais.

ᵛⁱⁱⁱ Segundo Bonfim (2002, p. 42):

"a) empresários (setor privado): possuidores de cargo vinculado ao setor privado, com militância nesse setor e vínculos com o setor público, de forma que a indicação tem o objetivo de angariar o apoio deste setor para o governo;

b) políticos: possuidores de cargos eletivos no seu currículo, ou membros da executiva de algum partido político; elites tecnicamente qualificadas que ascenderam pelas fileiras de um partido ou do legislativo; e ocupantes de cargos que oferecem ao governo votos de suas regiões de origem ou obediência de facções políticas vinculadas às suas famílias;

c) tecnocratas: possuidores de titulações superior. Médicos, ocupando cargo na Secretaria de Saúde; agrônomos na Secretaria de Agricultura; professores universitários na Secretária de Educação; técnicos oriundos de empresas públicas [...]".

ⁱˣ A centralização dos poderes políticos do Executivo na figura do secretário de governo permitiu que o "varejo" realizado no período dos coronéis fosse substituído por uma administração mais criteriosa e hábil para lidar com as demandas oriundas da política, com o objetivo de acomodar todos os interesses em conflito sem que se prejudicasse a tentativa de ajuste fiscal em andamento." (BONFIM, 2002, p. 50)

ˣ CEARÁ, (1999a, p. 7).

ˣⁱ CEARÁ, (1995a, p. 3).

ˣⁱⁱ CEARÁ, (1995a, p. 9).

[xiii] A análise das finanças públicas do estado do Ceará já foi devidamente analisada. Embora, estudando períodos diferentes as conclusões relevantes as abordagens convergem para a mesma conclusão. Este item está fundamentado nos trabalhos de Pires Souza (2005), Bonfim (1999), IPLANCE (1993) e Rosa Silva e Sampaio de Souza (2002).

[xiv] Vasconcelos (1999, p, 17-18).

[xv] Pires Souza, (2005, p. 2570).

[xvi] Rosa Silva e Sampaio de Souza (2002).

[xvii] Rosa Silva e Sampaio de Souza (2002).

[xviii] Rosa Silva e Sampaio de Souza (2002).

[xix] Pires Souza (2005, p. 2577).

[xx] Ceará (1992b, p. 25).

[xxi] De acordo com a análise de Rocha (2004, p. 62), "[...] o Ceará não só saiu na frente na disputa pelos investimentos que ressurgiram no País nos 90, mas foi um dos estados nordestinos mais bem sucedidos na atração de indústrias para o seu território durante toda essa década. Talvez por isso, a política do Ceará tenha sido geralmente citada como caso de sucesso, levando diversos outros estados brasileiros a adota-la como modelo para o desenvolvimento de suas próprias 'políticas industriais', a exemplo da Paraíba e Rio Grande do Norte."

[xxii] Subsetor de atividade econômica segundo IBGE (26 categorias).

[xxiii] Vasconcelos (1999, p. 9), acrescenta que "a performance extremamente negativa do produto global de Pernambuco pode ser creditada, quase totalmente, ao comportamento do setor industrial do estado).

[xxiv] Uma outra alteração foi realizada em 2003, no início de uma nova gestão mudancista. Porém, está não será analisa nesta pesquisa.

[xxv] Entre outras fontes de financiamento do FDI estão: empréstimos ou recursos a fundo perdido (com recursos disponibilizados pela União, Estado ou fontes outras); outras receitas (contribuições e doações entre outras) e; receitas provenientes da aplicação dos recursos (juros, dividendos etc.).

xxvi Pontes (2003), Carvalho, Barreto e Oliveira (2004) e Vasconcelos (1999). Outros analisam períodos específicos: Coimbra (1998) e Vasconcelos, Almeida e Silva (1999).

xxvii Trabalhos realizados sobre a "política industrial" do estado para esse período divergem em relação ao número de empresas incentivadas. Coimbra (1998), estimou que entre 1991 e 1995, foram beneficiadas com incentivos fiscais 140 empresas. Entretanto, na sua pesquisa constatou que desse universo, 17 empresas encontravam-se paralisadas e de 31 não havia nenhuma informação disponível, restando um total de 92 empresas. Já Vasconcelos, Almeida e Silva (1999), estimou em 204 o total de empresas incentivadas para um período menor ainda (1991 a 1994). Depois de verificada a dupla contagem, está pesquisa chegou a um total de 56 empresas para o período de 1989 a 1994.

xxviii As empresas do Rio Grande do Sul, principalmente da indústria de calçados, descobriram as vantagens dos incentivos e do custo da mão-de-obra do Ceará no segundo "governo das mudanças". Enquanto no período, de 1989 a 1990, foram atraídas somente, 6,7%, das empresas incentivadas, entre 1991 e 1994, essa participação aumentou para 12,5%.

xxix Este aumento pode está superestimado em razão de que empresas do período anterior podem fazer parte das empresas incentivadas neste período. No entanto, pelas informações disponíveis não foi possível conhecer o percentual de empresas do período anterior de governo que se encontram repetidas no período de 1995 a 1998.

xxx Dados da RAIS.

xxxi Pontes (2003).

xxxii Pontes (2003, p. 157).

xxxiii Muito embora, com toda a preocupação e utilização de mecanismos para desconcentração da atividade produtiva o Ceará não tenha conseguido sucesso nesse objetivo. O que revela que a desconcentração é um problema de grande complexidade, está presente e é resistente mesmo num nível espacial mais reduzido, o estadual.

xxxiv Em 2003, o Ministério da Integração Nacional divulgou o documento Política nacional de desenvolvimento regional, no qual é delineada uma nova abordagem para as ações da administração federal relacionadas com o desenvolvimento regional e com o enfrentamento das desigualdades regionais. Está nova abordagem tem a ver com a mudança de escalas e instâncias de referências. A mudança de escala corresponde a passagem da região para a de mesorregião como referência das políticas. Finalmente, o governo entendeu que a crescente heterogeneidade estrutural das macrorregiões brasileiras as torna cada vez menos adequadas para ações de desenvolvimento regional.

www.ingramcontent.com/pod-product-compliance
Lightning Source LLC
Chambersburg PA
CBHW052355220526
45465CB00003BA/1123